Inhalt

Weihnachtszeit   8
Frantz Wittkamp

Alle singen „Stille Nacht"   9
Frantz Wittkamp

Anzeigen für den Berliner Weihnachtsmarkt   11
Anton Glaßbrenner

Draußen vom Walde komm ich her   15
Jess Jochimsen

Nikolaus und Nikola   21
Rita Fehling

Am Weihnachtsabend   25
Joachim Ringelnatz

Der Christabend   27
Ludwig Thoma

Betrifft: Erster Schnee   34
Mascha Kaléko

Eine Predigt   37
Robert Gernhardt

Weihnachtstraditionen   **39**
Judith Pinnow

Säugling im Stall gefunden   **45**
Verfasser:in unbekannt

Die Weihnachtsmaus   **49**
James Krüss

Mary Christmas   **53**
Elke Stockmann

Väterchen Frost   **55**
Wladimir Kaminer

Weihnachtswünsche   **61**
Charles Dickens

Wunschzettel für Frauen   **62**
Andrea Schomburg

Wunschzettel für Männer   **63**
Andrea Schomburg

Die Weihnachtsformel   **65**
Katja Schmid

Weihnachten damals und heute   **73**
Jess Jochimsen

Freue dich!   79
Hans Scheibner

Die Bescherung   83
Hanns Dieter Hüsch

Der störische Esel und die süße Distel   89
Karl Heinrich Waggerl

Die Weihnachts-Diät   95
Stefan Pinnow

Das Weingeheimnis   103
Kim Småge

Wunschloses Neujahr   113
Ephraim Kishon

Niemals   119
Wilhelm Busch

Das Fest der Fragen   121
Stefan Pinnow

Silvester   124
Joachim Ringelnatz

Weihnachtszeit

Frantz Wittkamp

Weihnachtszeit.
Ob es schneit?
Oder nicht?
Kerzenlicht.
Weihnachtslieder.
Immer wieder.
Plätzchen essen.
Nicht vergessen.
Geschenke schenken.
An andere denken.
Du an mich?
Ich an dich.

Alle singen

„Stille Nacht".

Was für einen Lärm das macht!

Frantz Wittkamp

Anzeigen für den Berliner Weihnachtsmarkt

Adolf Glaßbrenner

In unserer Bude zwischen dem Schloss und der Freiheit, links an der Stechbahn, wo die Brüderstraße aufhört, haben wir ein wohlassortiertes Lager fertiger Weihnachtsgeschenke für jeden Stand und jedes Alter aufgestellt und erlauben uns hiermit, auf nachfolgende Artikel besonders aufmerksam zu machen:

1. Blankowechsel mit den täuschend nachgeahmten Unterschriften der solidesten Firmen. Die Summe ist ausgelassen, und so kann jeder den leeren Raum nach Bedürfnis ausfüllen.
2. Feine Brustzigarren. Für Schwindsüchtige und solche, die es werden wollen. Die Unterblätter stammen aus den Plantagen Mecklenburgs, das Deckblatt aus demjenigen Teil der Pfalz, wo die echt importierten Zigarren auf den Bäumen wachsen. Das Hundert nur 1 Tlr. 15 Sgr. Geruch für Liebhaber sehr angenehm.

3. Schnupftücher für Kinder nebst vollständig darauf gedruckter Gebrauchsanweisung. In der Mitte jeden Tuchs befindet sich ein Gemälde, die Szene aus dem Roman „Werthers Leiden" von Goethe darstellend, in welcher Lotte den Kindern in dieser Hinsicht Unterricht gibt.

4. Handel- und Wandelröcke. Herrenkleidungsstücke, die, je nachdem man sie von oben oder unten, von rechts oder links anzieht, bald als grauer Paletot, schwarzer Frack, bunte Uniform und als gewöhnlicher Überzieher erscheinen. Für Leute, die wegen einer Entzweiung mit der Polizei zu einer schnellen und unauffälligen Abreise gezwungen sind, einfach unentbehrlich. In den Taschen befinden sich 20 auf verschiedene Namen ausgestellte Pässe nach Amerika. Auf Verlangen können auch adelige Pässe ausgestellt werden, doch stellt sich dann der Preis etwas höher.

5. Ächter Champagner aus einer berühmten Fabrik in der Ackerstraße. Mit allen renommierten Etiketten. Wer zwei Flaschen auf einmal nimmt, erhält einen sauren Hering dazu.

6. Mehrere alte Schachteln mit Schminke.

7. Vexierbücher für höhere Töchter. Wenn Eltern oder Lehrer diese Vexierbücher aufschlagen und

sie Zeile für Zeile lesen, so genießen sie moralische Betrachtungen im Stile eines Erbauungstraktätchens. Die junge Dame braucht aber nur immer eine Zeile zu überschlagen, so hat sie die pikantesten Witze aus Kreisen, in denen man sich nicht langweilt.

8. Konvexgläser für fremde und Konkavgläser für eigene Fehler.

9. Amors Album. Für Lyriker unter zehn Jahren. Enthält eine Unmasse der zartesten Liebesreime, welche den besten derartigen Dichtungen in Knallbonbons und auf Pfefferkuchen in nichts nachstehen. Für denjenigen Teil der deutschen Jugend, der noch nicht imstande ist, solche Poesien selbst zu verfassen, und daher seinen lyrischen Trieb in grausamer Weise unterdrücken muss.

10. Haarausraufer. Dieses kleine, goldene, mit Diamanten besetzte Instrument bietet allen unglücklichen Börsenspekulanten Gelegenheit, ihre Haare einzeln auszuraufen und dadurch alles Aufsehen zu vermeiden. Preis 200 Tlr., wofür noch eine gedruckte Sammlung geistreicher „hinterlassener Briefe" gratis beigegeben wird, in denen sich in den verschiedensten Variationen

die tiefste Verachtung gegen unsere materielle Zeit und ein idealisch zarter Weltschmerz ausspricht.

11. Schauder-Romane für stille Familienkreise. Die Elle mit einem schön gearbeiteten Mord und einer reizend gemalten Verführung: 5 Silbergroschen; mit 2 Morden, 2 Verführungen und 1 Selbstmord: 7 ½ Sgr. Bei Abnahme von 12 Ellen wird eine halbe Elle zugegeben.

Firma Humbug u. Comp.

Draußen vom Walde komm ich her

Jess Jochimsen

Ja, ich gestehe: Ich war einmal der Nikolaus. Ist gar nicht so lange her, auch war ich nicht mehr wirklich jung, aber ich brauchte das Geld. Also bewarb ich mich bei einer „Firma für Events aller Art" mit obligatorisch angelsächsischem Namen, und die Sache ließ sich gleich gut an. „Herr Jess Jochimsen", hieß es in meinem Arbeitsvertrag, „ist hiermit gebucht als Event-Performer vom 5. bis 7. Dezember. Coaching: 4.12., 16 Uhr." Wow! Bingo! New Economy! Hey – ich war kein old school Nikolaus, sondern ein fancy Event-Performer, und als solcher würde ich eine Schweinekohle machen.

Ich gebe gerne zu, dass ich etwas aufgeregt war. Weniger, weil ich mir die Arbeit nicht zugetraut hätte, sondern eher, weil ich als Kind dem Nikolaus nie leibhaftig begegnet bin. Wenn meine Eltern etwas taten, dann taten sie es gründlich. Sie hatten eine schwarze Liste mit unerwünschten Personen des kapitalistischen Brauchtums heidnischen Ursprungs –

und der Weihnachtsmann, das Christkind und der
Nikolaus waren die Top Three auf dieser Liste. Doch
wozu gab es die Schulung!

Bestens gelaunt erschien ich also zu ebendieser – zusammen mit 60 anderen. Ein leicht elitäres Glücks-
gefühl beschlich mich. Wir waren die Auserwählten,
die Nikoläuse der Stadt, junge, eventmäßig hochmo-
tivierte Segensbringer. Und da erschien auch schon
unser Performance-Coach.

Er brachte die Verkleidungen und schärfte uns ein,
immer vorher bei den Eltern anzurufen, um das „mit
den Geschenken abzuchecken". Einen Witz machte
der Nikolaus-Instructor auch noch: „Was bei den
Kids gut kommt, ist ein kleiner Rap: Yeah, ich bin
der Nikolaus / und hol gleich meine Rute raus."

Vereinzeltes Gelächter. Na prima, dachte ich, wenn
wir so auftreten, rappen die Kinder spontan zurück:
„Yo man, vom Walde kommst du her / und ich muss
dir sagen: Fuck you, yeah!"

Unser Coach schloss seine Ausführungen damit,
dass wir uns stadtteilmäßig aufzuteilen hätten. Der
Nikolaus-Anwärter neben mir brüllte: „Ohne Knecht
Ruprecht gehe ich nicht noch mal in die Vorstadt!"

Ich bereute den Job jetzt schon. Trotzdem werde ich
erzählen, wie's lief. Eher peinlich bekleidet und mit

einem Haufen Watte im Gesicht – den Bart mussten wir uns aus hygienischen Gründen selber basteln – stapfte ich los. Mein „Performance-Bereich" war ein Edel-Viertel, hohes Intellektuellenaufkommen und lecker Lehrerdichte, wo die Kinder also Lukas und Sarah heißen. Oder gleich so IKEA-Namen tragen, Sören, Bengt… wie die Möbel, auf denen sie gezeugt wurden.

Interessanterweise hieß mein erstes „Zielobjekt" Mario F. und wohnte in der Hildastraße. Von Mama F. instruiert, Mario solle weniger fernsehen und – Altbau bleibt eben Altbau – doch bitte mehr lesen, erschien ich pünktlich. (Das Geschenk war im Treppenhaus hinterlegt, zwei Mandarinen und ein verpacktes Buch, da würde sich der Bub aber freuen.) Ich trat in den Altbau-Flur und Frau F. rief: „Mario, kommst du mal, da ist ein fremder Mann, ich glaube fast, das ist der Nikolaus."

Von irgendwoher brüllte Mario: „Der soll später wiederkommen, ich bin gerade auf Level Acht!"

„Würdest du jetzt bitte den Computer sein lassen", rief Frau F., zu mir sagte sie: „Und Sie, Herr Jochimsen, ziehen bitte die Stiefel aus."

Ich fühlte mich meiner Autorität doch etwas beraubt, als Mario kam.

Ich zückte das Buch: „Guck mal, Mario, was dir der Nikolaus mitgebracht hat."

„Wenn er das neue Game nicht dabei hat, kann er sich gleich verpissen", sagte Mario.

Ich sagte: „Aber Mario, hör mal…"

„Sie halten sich da raus", sagte Frau F., „und du, Mario, nimmst jetzt das Buch und freust dich gefälligst."

„Ich soll von Fremden nichts nehmen", heulte Mario. Nun wurde ich laut: „Wenn du nicht augenblicklich brav bist…"

„Schreien Sie mein Kind nicht an", schrie Frau F.

„Hey – ich bin der Nikolaus!"

„Ja, und ich bin der Weihnachtsmann, du Arschloch", brüllte Mario.

„Freundchen", brüllte ich und war kurz davor, dem Kleinen eine zu schallern. „Freundchen…"

„Trau dich doch, trau dich doch", provozierte das Altbaubalg weiter.

„FREUNDCHEN…" Mir platzte der Kragen. „Deine Mama hat Depressionen, und außerdem bist du adoptiert. Hier – da hast du dein beknacktes Harry-Potter-Blöd-Buch. Und tschüss." Ich ging.

Es war kalt in der Hildastraße – so ohne Stiefel.

Nikolaus und Nikola

Rita Fehling

Alle Jahre wieder im Dezember. Ein Blick auf den Kalender sagt mir, dass das Fest der Feste nicht mehr fern ist. Ich hätte es eigentlich wissen müssen, trotzdem kommt es mir wie in jedem Jahr so vor, als ob ausgerechnet dieses Mal Weihnachten wieder sehr plötzlich kommt. Auf einmal steht die vorhandene Zeit in einem äußerst ungünstigen Verhältnis zu den noch zu erledigenden Aufgaben. Die alljährliche Hetze kann beginnen. Eins, zwei, drei, vier ... neun Personen müssen mit Geschenken versehen und eine dreifache Anzahl muss mit Weihnachtskarten beglückt werden. (Wo ist bloß die Liste, damit ich nicht wieder Onkel Alfred vergesse?) Das ganze Fest, vom Heiligabend angefangen bis zum Abend des zweiten Weihnachtstages, muss organisiert und geplant werden. Schließlich wollen meine Lieben sowohl kulinarisch als auch geschenkemäßig versorgt und verwöhnt werden.

Meine beiden Männer (Sohne- und Ehemann) sehen meinem munteren Treiben zu und machen sich keinen Kopf drum. Advent, Advent, die Mutti rennt ... Dieser Spruch ist zwar nicht neu, hat aber seine Gültigkeit leider nicht verloren. Der Herr des Hauses glaubt, mit dem Aussuchen eines neuen Parfums (wahlweise auch Pullover, Pralinen oder Prosecco) und dem heiligabendlichen Aufstellen der Hallelujastaude seine Pflicht und Schuldigkeit getan zu haben. Weihnachten ist (und bleibt es wohl auch noch eine Zeit lang) Frauensache.

Warum eigentlich? Wer kann mir diese Frage beantworten? Dabei ist es doch der Weihnachts-Mann, der bei diesem Fest eine Hauptrolle spielt. Mir ist aufgefallen, dass es neuerdings auch Weihnachts-Frauen gibt. Allerdings sind die wasserstoffblond, haben eine atemberaubende Figur (für Männeraugen zumindest), tragen einen roten Supermini und sind aus Schokolade. Komisch, der Schoko-Weihnachtsmann oder -Nikolaus dagegen ist ein seriöser, älterer, untersetzter Herr mit Rauschebart – sein weibliches Gegenstück, die Nikola, ist eine niedliche Kleine, die nicht den leisesten Anschein von Seriosität ausstrahlt. Warum nicht mal einen Nikolaus mit Waschbrettbauch, sexy Po und Kleiderschrankkreuz? Was wollen uns die Hersteller der weihnachtlichen Schokofiguren damit sagen? Dass Frauen sich nicht von attraktiven (Weihnachts-)Männern ablenken lassen sollen, weil sie verdammt noch mal andere Pflichten in dieser Zeit haben? Oder wollen sie damit beweisen, dass sie an die Gleichberechtigung gedacht haben?

Puh, von wegen Gleichberechtigung! Die meiste Arbeit, die das Fest mit sich bringt, bleibt ja doch wieder an uns Frauen hängen.

Dieses Jahr habe ich mich allerdings geweigert, die so beliebten wie arbeitsaufwendigen Kekse zu backen. Ich habe meine Beiden unmissverständlich wissen lassen, dass ich nicht bereit sei, mehrere Stunden in der Küche zuzubringen, nur damit sie an einem, ich betone: an einem Abend Kekse naschen können. Die Erfahrung der vergangenen Jahre hat mich gelehrt, dass die Kekse nur dann interessant sind, wenn sie gerade gebacken sind, danach wird den gekauften Dominosteinen, Lebkuchenherzen und dergleichen der Vorrang gegeben. Warum weiß ich auch nicht, vielleicht weil meine Backkünste doch zu wünschen übrig lassen. Egal warum, ich backe dieses Jahr nicht! Und ich bleibe hart. Mann und Sohn gucken mich an, als hätte ich ihnen soeben den bevorstehenden Weltuntergang prophezeit. „Aber das riecht doch so schön im Haus", murren sie. Sollen sie doch selber Plätzchenduft produzieren! Ich weiß ganz sicher, dass Männer das auch können. Ich habe ihnen schon mal die Zutaten und das Backbuch herausgestellt. Und die Weihnachtskeksdose. Darin befanden sich noch die Kekse vom letzten Jahr, die, die am Backtag nicht alle geworden sind.

Ich werde mich an dem Abend, an dem meine Beiden Plätzchen backen, mit meiner Freundin an ein lauschiges Plätzchen zurückziehen – beim Italiener vielleicht – und werde mal für einen Tag die Hektik vergessen. Vielleicht unterhalten wir uns über Weihnachtsmänner. Sie wissen schon, über solche mit Waschbrettbauch – aber nicht aus Schokolade.

Am Weihnachtsabend

Joachim Ringelnatz

Ein armer Junge jammert im Bette:
„Ach, wenn ich doch auch einen Weihnachtsbaum hätte!"
Kaum hatte er diese Worte gesprochen,
kommt mancherlei aus dem Ofen gekrochen:

Ein Schaukelpferd, Wagen und Bleisoldaten,
eine Trommel, ein Buch, ein Kaufmannsladen,
ein Eisenbahnzug und ein Reifenspiel,
ein Luftschiff, ein Fahrrad, ein Automobil
und Äpfel und Nüsse und Zuckerschaum
und ganz zuletzt noch ein Weihnachtsbaum.
Die Engel im Himmel singen mit Macht
das Festlied: Stille Nacht, Heilige Nacht!

Der Christabend
Eine Familiengeschichte

Ludwig Thoma

Bei Oberstaatsanwalt Saltenberger hatten sie drei Töchter, Emerentia, Rosalie und Marie. Alle im höchsten Grade fähig und entschlossen, dem ledigen Stande zu entsagen.

Das herannahende Weihnachtsfest brachte die geliebten Eltern auf den Gedanken, dass sie ihre Kinder am besten mit Männern bescheren würden, und sie überlegten lange, wie dieses zu ermöglichen wäre.

Mama Saltenberger meinte, ihr Mann sollte seine hervorragende Beamtenstellung in die Waagschale werfen und jüngere Kollegen durch die Macht seines Ansehens an ihre staatsbürgerlichen Pflichten erinnern. Saltenberger war nicht prinzipiell abgeneigt, aber er betonte, dass dieser Einfluss nur in ganz familiären Grenzen ausgeübt werden dürfe und dass man in der Wahl der Objekte sehr vorsichtig sein müsse.

In geheimer Beratung wurde zur engeren Wahl der zukünftigen Familienmitglieder geschritten. Beide

Eheleute einigten sich zunächst auf Karl Mollwinkler, zweiter Staatsanwalt. Er war ziemlich abgelebt, und sein kränklicher Zustand ließ hoffen, dass er sich nach der Pflege einer geliebten Frau sehne.

Als zweiter ging Sebald Schneidler, königlicher Landgerichtssekretär, durch.

Nicht ohne Widerspruch. Frau Saltenberger fand die Stellung denn doch etwas subaltern. Ihr Mann hatte Mühe, sie zu überzeugen, dass die gegenwärtige Zeitrichtung die Standesunterschiede einigermaßen nivelliert habe und dass speziell bei Heiratsfragen eine zu strenge Auffassung von Übel sei.

Schließlich kam man dahin überein, dass Schneidler sich in Anbetracht seiner sozialen Verhältnisse mit der ältesten Tochter, der vierunddreißigjährigen Emerentia, zu begnügen habe.

Die Aufstellung des dritten Kandidaten bereitete Schwierigkeiten.

Unter den Juristen fand sich trotz sorgfältigster Prüfung keiner mehr, der des Vertrauens würdig gewesen wäre. Man müsste wohl oder übel in eine andere Sparte hinübergreifen.

Aber auch da zeigten sich überall unüberwindliche Schwierigkeiten, und schon wollte der Oberstaatsanwalt an der gestellten Aufgabe verzweifeln, als im letzten Moment Frau Saltenberger den rettenden Gedanken fasste.

„Weißt du was, Andreas", sagte sie, „wir nehmen einfach einen von der Post. Da sind die meisten Chancen, denn fast alle Verlobungen, welche man an Weihnachten in der Zeitung liest, gehen von Postadjunkten aus."

Dieses leuchtete ihrem Manne ein und er gab seine Zustimmung zur Wahl des Postadjunkten Jakob Geiger. Somit war die Sache gediehen; es galt nunmehr, die zur Bescherung Vorgemerkten unter die drei Töchter zu verteilen.

Und das war das Schwierigste.

Der Friede wich aus dem Hause des Oberstaatsanwalts Saltenberger.

Emerentia brach in Tränen aus, als die Eltern von dem Plane sprachen; sie sei immer das Stiefkind gewesen, die anderen Fratzen habe man verhätschelt und verzogen, nur sie sei misshandelt worden und jetzt solle sie sich mit einem Sekretär begnügen. Vielleicht müsse sie noch Komplimente machen vor dem ekelhaften Ding, der Rosalie, die man natürlich zur Frau Staatsanwalt nehme, obwohl sie die Dümmste von allen sei. Aber nein! Nein! Und nein! Da kenne man sie schlecht. Sie lasse nicht auf sich herumtrampeln, und lieber verhindere sie den Plan, sodass gar keine einen Mann erwische, als dass sie sich mit dem Affen von einem Sekretär abfinden lasse.

Ihr Widerstand war leidenschaftlich, aber nicht schlimmer als derjenige von Marie, welcher man den Postadjunkten zugedacht hatte. Sie war die Jüngste und durfte billig annehmen, dass sie auf dem Heiratsmarkt die besten Preise erzielen könne. Allerdings schielte sie, aber sie sagte sich, dass ein verständiger Mann solche Kleinigkeiten nicht beachte. Zudem, lieber schielen als einen Kropf haben wie Emerentia oder schlechte Zähne wie Rosalie.

Papa Saltenberger hatte böse Tage; während er auf dem Bureau weilte, sammelte sich daheim eine unglaubliche Menge Sprengstoff an, welcher regelmäßig beim Mittagstisch explodierte.

So ging das nicht. Die Eltern beschlossen, die drei Herren als Ganzes zu bescheren und die Wahl den Kindern zu überlassen.

Auf diese Weise hatten wenigstens sie Ruhe gefunden, wenngleich der Krieg unter den Schwestern fortdauerte. Emerentia stickte in heimlicher Abgeschlossenheit an einem Paar Pantoffeln, und bei jedem Stich wurde sie fester entschlossen, dieselben nur dem zweiten Staatsanwalt Mollwinkler zum

Zeichen ihrer Liebe an die Füße zu stecken. Rosalie häkelte einen Tabakbeutel, Marie strickte wollene Handschuhe.

Und jede wusste, wem sie die Gabe weihen würde. Alle drei zogen die Mutter ins Vertrauen, und da Frau Saltenberger einen gutmütigen Charakter hatte, sagte sie zu jeder verstohlen: „Kindchen, Kindchen, ich seh dich noch als Frau Staatsanwalt." Und jede war glücklich darüber. Erstens überhaupt, und dann, weil die zwei anderen Maulaffen vor Neid bersten würden.

So kam allmählich das heilige Weihnachtsfest heran mit seinem unvergesslichen Zauber für die Familie, jener Tag, an welchem die Junggesellen so ganz besonders Sehnsucht empfinden nach einem schöneren Los, nach einer liebenden Gattin und nach Kindern, welche mit ihren Spielzeugen um den Christbaum tanzen.

O, welche Gefühle walteten in dem Haus des Oberstaatsanwalts Andreas Saltenberger!

Das war ein Raunen und Flüstern, ein geheimnisvolles Weben, ein Hin und Her, von einem Zimmer in das andere, bis endlich um sieben Uhr Vater, Mutter und die drei Töchter sich im Salon versammelten, festlich geschmückt und sehr erwartungsvoll.

Jede der Schwestern erregte durch ihr reizendes Aussehen die Freude der Eltern und das verächtliche Mitleid der beiden anderen.

Es läutete. Das Dienstmädchen eilte zur Tür, im Salon hielten fünf Menschen den Atem an. Wer kam? Eine tiefe Stimme, unverständlich, dann schlurfte das Mädchen zurück und übergab dem hastig öffnenden Papa einen Brief. Aufreißen und lesen. Sekretär Schneidler sagt mit bestem Dank ab, da er heimreise. Die drei Schwestern atmeten auf. Auf diesen Menschen hatte keine reflektiert. Es läutete wieder. Das Dienstmädchen überbrachte den zweiten Brief.

Die Absage des Herrn Staatsanwalts Mollwinkler wegen Unwohlseins.

Drei Lebenshoffnungen waren vernichtet; der Vater blickte die Mutter an, die Schwestern bissen sich auf die Lippen, und ihr Schmerz wäre unerträglich gewesen, wenn sich nicht ein klein wenig Freude an der Enttäuschung der anderen dareingemengt hätte.

Was tun? Papa Saltenberger raffte sich auf und sagte mit erzwungener Höflichkeit: „Wozu auch fremde Menschen? Nun wollen wir das Fest so recht unter uns begehen!"

Da läutete es wieder. Und diesmal kam der königliche Postadjunkt Geiger, welcher noch niemals abgesagt hatte.

Er hatte es nicht zu bereuen. Er war der verhätschelte Liebling der Familie; er bekam ein Paar Pantoffeln, einen Tabakbeutel, wollene Handschuhe, viele Süßigkeiten, Äpfel und Nüsse.

Er trank einen sehr guten Wein und einen famosen Punsch, er aß Rheinsalm, Rehbraten und Pudding und bewunderte die Freigebigkeit der Familie, welche für ihn allein so reichlich auftragen ließ.

Er sagte allen Damen Liebenswürdigkeiten und ließ sich von jeder in der gehobenen Stimmung auf die Füße treten.

Und als er ziemlich betrunken den Heimweg antrat, sagte er sich, dass das Familienleben doch sein Gutes, besonders hinsichtlich der leiblichen Genüsse habe.

Und er verlobte sich am Silvesterabend mit der wohlhabenden Witwe Reisenauer, welche ein gut gehendes Geschäft am Marktplatz hatte.

Betrifft:
Erster Schnee

Mascha Kaléko

Eines Morgens leuchtet es ins Zimmer,
Und du merkst: 's ist wieder so weit.
Schnee und Barometer sind gefallen.
– Und nun kommt die liebe Halswehzeit.

Kalte Blumen blühn auf Fensterscheiben.
Fröstelnd seufzt der Morgenblatt-Poet:
„Winter lässt sich besser nicht beschreiben,
Als es schon im Lesebuche steht …"

Blüten kann man noch mit Schnee vergleichen,
Doch den Schnee … Man wird zu leicht banal.
Denn im Sommer ist man manchmal glücklich,
Doch im Winter nur sentimental.

Und man muss an Grimmsche Märchen denken
Und an einen winterweißen Wald,
Und an eine Bergtour um Silvester.
– Und dabei an sein Tarifgehalt.

Und man möchte wieder vierzehn Jahr sein:
Weihnachtsferien ... Mit dem Schlitten raus!
Und man müsste keinen Schnupfen haben,
Sondern irgendwo ein kleines Haus,

Und davor ein paar verschneite Tannen,
Ziemlich viele Stunden vor der Stadt,
Wo es kein Büro, kein Telefon gibt.
Wo man beinah keine Pflichten hat.

... Ein paar Tage lang soll nichts passieren!
Ein paar Stunden, da man nichts erfährt.
Denn was hat wohl einer zu verlieren,
Dem ja doch so gut wie nichts gehört.

Eine Predigt

Robert Gernhardt

*Was uns die Weihnachtsgeschichte
eigentlich sagen will:*

Es begab sich aber zu der Zeit, daß ein Gebot von dem Kaiser Augustus ausging, daß alle Welt geschätzet würde … So steht es geschrieben im Evangelium des Lukas, Kapitel 2, Vers 1, und so fängt sie an, die Weihnachtsgeschichte. Und wie sie weitergeht, das wissen wir wohl alle. Doch lasset uns heute, am Geburtstage des Herrn, noch ein wenig an ihrem Anfang verweilen.

Da geht also ein Gebot aus. Von einem Kaiser gar! Und was gebietet dieser Kaiser, der mächtigste Mann seiner Zeit? Gebietet er, daß an aller Welt herumgemäkelt werde? So, wie es heutzutage allerorten Mode ist? Nein. Er gebietet ausdrücklich, daß alle Welt geschätzet werde. Ja, aber, so wird jetzt jeder denken, ja, aber ist es denn überhaupt menschenmöglich, alle Welt zu schätzen? Kennen wir nicht alle Menschen unserer Umgebung, Kollegen, Freunde, Angehörige gar, die wir nicht so schätzen?

Und müssen wir nicht selbst an Stätten geselligen Beisammenseins, in unserem Stammlokal zum Beispiel, bisweilen Sätze hören wie den folgenden: „Ich schätze es nicht, wenn man mir Bier über die Hose gießt!"

Oder: „Sie haben ja auf meiner Rechnung Uhrzeit und Datum dazuaddiert, das schätze ich aber gar nicht!"

Und erleben wir nicht allzu oft, daß wir uns verschätzt haben, und der Ziegelstein, der eigentlich unseren Nachbarn treffen sollte, die Nachbarin erwischt?

Ja, liebe Gemeinde, dem ist freilich so. Doch wenn jeder von uns noch heute anfangen würde, die Welt ein klein wenig mehr zu schätzen, dann könnte sie morgen schon anders aussehen! Und wäre das nicht schätzenswert? … Nein? Na, dann eben nicht.

Weihnachtstraditionen

Judith Pinnow

Es kommt jedes Jahr, ob man nun will oder nicht. Es ist ihm auch egal, ob nun der ersehnte Schnee liegt oder 12 Grad warmes Matschwetter herrscht. Man kommt nicht an ihm vorbei. Ende Dezember ist einfach immer Weihnachten, unabhängig davon, wie viele Lebkuchen man seit September konsumiert hat und ob man nun „in Stimmung" ist oder nicht. Aber man muss das Ganze ja nicht so ernst nehmen. Am besten schafft man das mit kleinen Weihnachtstraditionen. Meine Schwester und ich schicken uns seit zehn Jahren Weihnachtskarten mit folgendem, albernem Text: „Fröhliche Arschnachten, ihr Weihnlöcher!"

Das finden Sie nicht witzig, ich weiß. Niemand findet das witzig. Nur meine Schwester und ich schmeißen uns jedes Jahr aufs Neue vor Lachen in die Ecke. Andere Familien haben an Weihnachten traditionelle Sätze, die immer wieder gesagt werden müssen. So können die Hermanns kein Weihnachtsessen begehen, ohne sich vorher eindringlich zu warnen: „Pass

mit dem Ketchup auf!" – obwohl es gar kein Ketchup gibt. Das hat seinen Ursprung im Weihnachtsfest 2001, an dem es selbst gemachtes Ketchup von der Oma zu den Weihnachtswürstchen gab. Oma füllte das Ketchup in eine Flasche, die der Fünfjährige mit Schwung auf seinen Teller schüttete, denn das gekaufte Ketchup braucht gewöhnlich etwas Überredung, um die Flasche zu verlassen. Omas nicht – und so schwammen der Tisch und der kleine Kerl 2001 im Ketchup. Fortan war der Satz „Pass mit dem Ketchup auf!" eine Art Weihnachtstischgebet.

Noch ein Satz verfolgt Familie Herrmann. Vor der Bescherung wünscht man sich dort: „Du musst erst die Uhr auspacken!"

Denn ein Jahr nach der legendären Ketchupschlacht gab der Schwiegersohn dem Schwiegervater ein Geschenk in die Hand mit den Worten: „Du musst erst die Uhr auspacken!"

Dass einem Erwachsenen dieser Kinder-Fauxpas passiert und er den Inhalt des Geschenkes schon beim Überreichen ausplaudert, das rechtfertigt doch tatsächlich eine jahrelange Würdigung!

Gerne werden auch traditionell immer wieder die gleichen Fehler an Weihnachten gemacht. Familie Wolf muss jedes Jahr in Daunenjacken Bescherung feiern, weil Papa Wolf, wenn er hurtig die Geschenke von der Garage ins Wohnzimmer transportiert, jedes Mal vergisst, danach die Terrassentür zu schließen. So bleiben die Geschenke bei vier Grad schön frisch und man muss sich bei der Bescherung schon selbst gemütlich und warm einpacken, um in dieser Kälte überhaupt etwas auspacken zu können.

Auch Familie Franke friert. Allerdings vor der Bescherung, weil Mama Franke, die das Christkind spielt, während ihre Familie vor dem Mehrfamilienhaus spazieren geht, es jedes Jahr nicht schafft, die Lichterkette am Baum zum Leuchten zu bringen. Leider ist aber die Baumbeleuchtung das Zeichen, dass die Familie wieder hochkommen darf. So spazierfrieren die Frankes immer sehr laaaaange am Heiligen Abend.

Auf solche Traditionen verzichte ich gerne. Dann doch lieber die Arschnachten-Karte!

Manchmal entstehen Traditionen aus der Not und werden deshalb auch so bedeutend. So ging es Familie Lüttich.

Der Weihnachtsbaum wurde bei der alleinerziehenden Mutter zum Symbol, dass sie es schaffen kann, alleine mit den Kindern nach der Trennung von ihrem Mann.

Das erste Jahr zogen sie zu dritt los, um zum ersten Mal ohne Mann den Baum zu besorgen. Ein krüppeliges, schiefes, zerrupftes Bäumchen suchten die Kinder aus. Mit vereinten Kräften wurde es nach Hause gezerrt und mit Hilfe des ältesten Kinds in den Ständer gezwungen. Es stand schief, und selbst das nur mit Hilfe eines Bücherregals im Rücken. Da der Ex-Mann immer einen sehr stylishen Baum bevorzugt hatte, schmückte Familie Lüttich nun wild und bunt und kitschig. Es war der wunderbarste Baum, den Frau Lüttich jemals hatte. Jedes Jahr wird nun aufs Neue ein hässlicher Krüppel ausgesucht, der anschließend möglichst kitschig und schräg geschmückt wird. Was für ein schönes Symbol dafür, es alleine gut schaffen zu können!

Neulich habe ich auch etwas sehr Nettes gehört, das ich gerne bei uns einführen würde. Man braucht dazu eine billige Plastikversion der Heiligen Drei Könige. Diese wandern dann von Anfang Dezember bis zum 6. Januar durch das Haus, auf der Suche nach der Krippe. So trifft man die drei in Küchenschränken, im Sockenfach und durchaus auch an riskanten Orten wie der Mikrowelle oder dem Badewannenrand. Ich denke aber, am 24. Dezember sollten sie unbedingt die Krippe finden, auch wenn sie danach noch etwas orientierungslos bis zum 6. Januar weitersuchen müssen. So wie wir alle, wenn Weihnachten vorbei ist und wir uns neu organisieren müssen in einem Leben ohne Lebkuchen, kaputte Lichterketten und hässliche Bäume. Vielleicht wünschen wir uns zu Neujahr noch mal: „Pass mit dem Ketchup auf!", um wenigstens ein bisschen Halt zu finden im neuen Jahr, ohne Traditionen, die uns sicher den Weg weisen.

Säugling in Stall gefunden – Polizei und Jugendamt ermitteln

Verfasser:in unbekannt

SCHREINER AUS NAZARETH UND UNMÜNDIGE MUTTER VORLÄUFIG FESTGENOMMEN

Bethlehem, Judäa – In den frühen Morgenstunden wurden die Behörden von einem besorgten Bürger alarmiert. Er hatte eine junge Familie entdeckt, die in einem Stall haust. Bei Ankunft fanden die Beamten des Sozialdienstes, die durch Polizeibeamte unterstützt wurden, einen Säugling, der von seiner erst 14-jährigen Mutter, einer gewissen Maria H. aus Nazareth, in Stoffstreifen gewickelt in eine Futterkrippe gelegt worden war.

Bei der Festnahme von Mutter und Kind versuchte ein Mann, der später als Joseph H., ebenfalls aus

Nazareth, identifiziert wurde, die Sozialarbeiter abzuhalten. Joseph, unterstützt von anwesenden Hirten sowie drei unidentifizierten Ausländern, wollte die Mitnahme des Kindes unterbinden, wurde aber von der Polizei daran gehindert.

Festgenommen wurden auch die drei Ausländer, die sich als „weise Männer" eines östlichen Landes bezeichneten. Sowohl das Innenministerium als auch der Zoll sind auf der Suche nach Hinweisen auf die Herkunft dieser drei Männer, die sich anscheinend illegal im Land aufhalten. Ein Sprecher der Polizei teilte mit, dass sie keinerlei Papiere bei sich trugen, aber im Besitz von Gold und einigen möglicherweise verbotenen Substanzen waren.

Sie widersetzten sich der Festnahme und behaupteten, Gott habe ihnen angetragen, sofort nach Hause zu gehen und jeden Kontakt mit offiziellen Stellen zu vermeiden. Die mitgeführten Chemikalien wurden zur weiteren Untersuchung in das Kriminallabor geschickt. Der Aufenthaltsort des Säuglings wird bis auf Weiteres nicht bekannt gegeben. Eine schnelle Aufklärung des Falls scheint zweifelhaft. Auf Rückfragen teilte eine Mitarbeiterin des Sozialamts mit: „Der Vater ist mittleren Alters und die Mutter ist definitiv noch nicht volljährig. Wir prüfen gerade mit den Behörden

in Nazareth, in welcher Beziehung die beiden zuei-
nanderstehen." Maria H. wurde zur Beobachtung
in das Kreiskrankenhaus Bethlehem gebracht. Sie
kann mit einer Anklage wegen Fahrlässigkeit rechnen. Da sie behauptet, sie wäre noch Jungfrau und
der Säugling stamme von Gott, wird überprüft, ob
sie zurechnungsfähig ist.

In einer offiziellen Stellungnahme teilte der Leiter
der Psychiatrie mit: „Mir steht nicht zu, den Leuten
zu sagen, was sie glauben sollen, aber wenn dieser
Glaube dazu führt, dass – wie in diesem Fall – ein
Neugeborenes gefährdet wird, muss man diese Leute als gefährlich einstufen. Auch tragen die Begleit-
umstände nicht dazu bei, Vertrauen zu erwecken.
Ich bin mir jedoch sicher, dass alle Beteiligten nach
einer therapeutischen Behandlung in ein paar Jahren wieder ein normales Leben führen können."

Die anwesenden Hirten behaupteten übrigens,
dass ein großer Mann in einem weißen Nacht-
hemd mit Flügeln auf dem Rücken ihnen befohlen
hätte, den Stall aufzusuchen und das Neugeborene
zu seinem Geburtstag hoch leben zu lassen. Dazu
meinte ein Sprecher der Drogenfahndung: „Das ist
so ziemlich die dümmste Ausrede, die ich seit Lan-
gem gehört habe."

Die Weihnachtsmaus

James Krüss

Die Weihnachtsmaus ist sonderbar
(sogar für die Gelehrten),
denn einmal nur im ganzen Jahr
entdeckt man ihre Fährten.

Mit Fallen oder Rattengift
kann man die Maus nicht fangen.
Sie ist, was diesen Punkt betrifft,
noch nie ins Garn gegangen.

Das ganze Jahr macht diese Maus
den Menschen keine Plage.
Doch plötzlich aus dem Loch heraus
kriecht sie am Weihnachtstage.

Zum Beispiel war vom Festgebäck,
das Mutter gut verborgen,
mit einem Mal das Beste weg
am ersten Weihnachtsmorgen.

Da sagte jeder rundheraus:
„Ich hab es nicht genommen!
Es war bestimmt die Weihnachtsmaus,
die über Nacht gekommen."

Ein andres Mal verschwand sogar
das Marzipan von Peter,
was seltsam und erstaunlich war,
denn niemand fand es später.

Der Christian rief rundheraus:
„Ich hab es nicht genommen!
Es war bestimmt die Weihnachtsmaus,
die über Nacht gekommen!"

Ein drittes Mal verschwand vom Baum,
an dem die Kugeln hingen,
ein Weihnachtsmann aus Eierschaum
nebst andren leckren Dingen.

Die Nelly sagte rundheraus:
„Ich hab es nicht genommen!
Es war bestimmt die Weihnachtsmaus,
die über Nacht gekommen."

Und Ernst und Hans und der Papa,
die riefen: „Welche Plage!
Die böse Maus ist wieder da,
und just am Feiertage!"

Nur Mutter sprach kein Klagewort.
Sie sagte unumwunden:
„Sind erst die Süßigkeiten fort,
ist auch die Maus verschwunden!"

Und wirklich wahr: Die Maus blieb weg,
sobald der Baum geleert war,
sobald das letzte Festgebäck
gegessen und verzehrt war.

Sagt jemand nun, bei ihm zu Haus –
bei Fränzchen oder Lieschen –
da gäb es keine Weihnachtsmaus,
dann zweifle ich ein bisschen!

Doch sag ich nichts, was jemand kränkt!
Das könnte euch so passen!
Was man von Weihnachtsmäusen denkt,
bleibt jedem überlassen!

Mary Christmas

Elke Stockmann

Mary Christmas war eine kapriziöse Schönheit. Das ganze Jahr eher unscheinbar, lief sie immer kurz vor ihrem Geburtstag am 24. Dezember zu Höchstform auf. Sie behängte sich mit Flitter, Glitter und allerlei blinkenden Lichtern und rannte meist schon ab September aufgeregt durch die Straßen und Kaufhäuser. Das kam bei der Bevölkerung jedes Jahr aufs Neue gut an.

Findige Sammler schickten in Marys Namen Bettelbriefe, machten Spendensammlungen und Hilfsaufrufe. Und die Kaufhausbesitzer wollten die Massen anregen, sich zu Marys Geburtstag gegenseitig zu beschenken.

Liedermacher schrieben endlose Texte über sie. Handwerker bauten ihr Elternhaus, eine eher bescheidene Unterkunft, nach und schmückten sie dann mit allerlei Krimskrams und Figuren.

Ihr zu Ehren vollführten Generationen von Schülern Theateraufführungen und sangen immer wieder die gleichen langweiligen Lieder.

Am Abend ihres Geburtstages spielten sich in vielen Häusern wahre Dramen ab. Jeder wartete darauf, dass Mary Christmas zu ihm kam. Und wenn sie dann nicht erschien, was ja schließlich auch nicht möglich war, gifteten die Leute sich trotz aller Geschenke und nicht selten nach zu reichlichem Alkoholgenuss – man musste ja auf Marys Wohl anstoßen – heftig an, was oft ganze Familien auf ewig entzweite. Wenn Mary das dann mitbekam, verfiel sie jedes Jahr wieder in eine heftige Depression, von der sie sich erst im September des darauffolgenden Jahres wieder so richtig erholt hatte.

Kurz bevor sie wieder zur Hochform auflief.

Väterchen Frost

Wladimir Kaminer

Ob Väterchen Frost und Weihnachtsmann verwandt oder zwei unterschiedliche Typen sind, fragten mich neulich meine Kinder. Auf diese Frage hatte ich keine einfache Antwort parat. Soweit ich mich erinnern kann, war das Väterchen, oder – auf gut russisch – Opa Frost, trinkfester als sein europäischer Kollege. In der Sowjetunion schaute er zusammen mit seiner Freundin Schneeflöckchen einmal im Jahr bei uns vorbei – am Abend des 31. Dezember. Die beiden waren vom Betrieb meines Vaters beauftragt, allen Mitarbeitern, die Kinder hatten, einen Besuch abzustatten und eine Tüte mit Schokolade und Süßigkeiten zu überreichen.

Außerdem musste Opa Frost einen auf das Wohl der Familie trinken. Das Schneeflöckchen hatte die Aufgabe, auf Opa Frost aufzupassen, damit er geradestand und nicht zu sehr herumtorkelte. Als Erstes besuchten sie die Familie des Direktors, dann die seines Stellvertreters, anschließend die des Buchhal-

ters und schließlich die Familie des Leiters der Parteizelle. Mein Vater war als stellvertretender Leiter der Abteilung Planwesen nicht der letzte Mann im Betrieb. Unsere Familie stand also auch ganz oben auf der Liste von Opa Frost, auf jeden Fall unter den ersten zwanzig Adressen. Und trotzdem konnte er bei uns schon kaum noch sprechen. Wir wohnten im fünften Stock, in einem Haus ohne Fahrstuhl, man hörte Opa Frost schon im Treppenhaus fluchen – wie er mit seinem Sack gegen die eine oder die andere Tür knallte.

„Na, Boris, geht's noch?", fragte ihn mein Vater. Opa Frost hatte eine Plastiknase ohne Nasenlöcher, sein Bart war schräg um den Hals gewickelt, ein Teil davon steckte in seinem Mund. „Viel Freude für Ihre Familie", flötete Schneeflöckchen bei ihrer Ankunft. „Ich glaube, ich muss mich erst mal setzen", sagte Opa Frost und nahm im Korridor auf unserem Schuhschrank Platz. Das Rumsitzen in der warmen Wohnung tat Opa Frost aber nicht gut. Er sprang auf und rief: „Wo ist das Kind?" Meine Eltern schoben mich nach vorne zu ihm hin. „Na du, du Junge, wie heißt du? Sehr gut, Wladimir. Hier ist für dich etwas zum Knabbern!" Opa Frost übergab mir eine zerknitterte Tüte aus seinem halbleeren Sack, trank mit meinem Vater im Stehen einen Wodka, rülpste, drehte sich um und lief die Treppe wieder runter, Schneeflöckchen hinter ihm her. „Nicht so schnell, Boris, ich möchte nicht, dass wir wie letztes Jahr wieder im Krankenhaus landen", schrie sie. „Scheiß drauf, die Kinder warten", röchelte Opa Frost. Ich hielt ihn damals für einen Beamten, einen weiteren Diener des Staates, der wie die Bullen auf der Straße oder die Lehrer in der Schule zwar unangenehm, aber unvermeidlich war.

Hier in Europa ist alles viel komplizierter angelegt. Im Dezember sind hier gleich mehrere Männer mit Säcken unterwegs. In Holland zum Beispiel sind es drei: Am 5. Dezember wird der Sinterklaas zusammen mit dem Zwarten Piet, dem Schwarzen Mann, erwartet. Letzterer spielt die Rolle des Schneeflöckchens. Früher mussten sich holländische Pieter ihre Gesichter extra mit Ruß einschmieren, um realistisch zu wirken. Seitdem sie viele Mitbürger aus Surinam haben, ist das jedoch nicht mehr nötig. Beide kommen laut der Legende aus Madrid, sie sammeln Stroh und Mohrrüben für ihre Rentiere, der Zwarte Piet schmeißt den artigen Kindern die Geschenke durch die Kaminröhre. Die unartigen Kinder werden zur Bestrafung nach Madrid verschleppt. Ihre Eltern ziehen dann freiwillig nach. Zu Weihnachten kommt noch der Weihnachtsmann, Santa Claus, der aber in Holland keine Geschenke verteilt und nur so durch die Gegend fliegt, manchmal fährt er den Coca-Co-la-Truck. In Deutschland sind Sankt Nikolaus und Santa Claus fast Klone, sie haben oft die gleichen Geschenke und sind deswegen im kollektiven Bewusstsein der Kinderbevölkerung zu einer Figur verschmolzen – der des Weihnachtsmannes. In Berlin werden die meisten Weihnachtsmänner von der studentischen Arbeitsvermittlung engagiert. An manchem Dezemberabend kann man zwei bis drei zur gleichen Zeit in einem U-Bahn- Waggon erwischen, wie sie hin und her durch die Stadt pendeln. Einige rülpsen laut in den Sack. Und wenn diese jungen Weihnachtsmänner lange genug unterwegs sind, können sie sogar dem alten Opa Frost Paroli bieten.

Weihnachtswünsche

Charles Dickens

Es gibt Leute, die dir sagen werden, dass Weihnachten auch nicht mehr das ist, was es einmal war. Höre nicht auf sie. Es gibt wenige, die alt geworden sind auf dieser Erde, die nicht an jedem beliebigen Tag im Jahr solche Gedanken wachrufen können. Aber suche dir doch für deine trostlosen Erinnerungen nicht eben den fröhlichsten unserer 365 Tage aus.

Rücke lieber deinen Stuhl näher an das flackernde Feuer, fülle dein Glas, stimme ein Lied an und sei dankbar, dass alles nicht noch schlimmer ist.

Denke nach über den Segen, der dir reichlich zuteilwurde – und er ist bei keinem gering –, und nicht über vergangenes Missgeschick, das jedem widerfährt. Fülle dein Glas abermals, mit fröhlichem Gesicht und zufriedenem Herzen.

Dein Weihnachten soll ein fröhliches und dein neues Jahr ein glückliches sein!

Wunschzettel für Frauen

Andrea Schomburg

Ohne Folgen maßlos fressen,
Männer, die von uns besessen,
die mit uns durch's Leben gehen,
auch wenn sie uns nicht verstehen,
kurz, die Prinzen sind statt Frösche,
echt Pariser Seidenwäsche,
100 Paare Stöckelschuhe,
eine volle Tiefkühltruhe,
Haushalt, der sich über Nacht
ratzfatz immer selber macht,
Kinder, die – nicht nur als Kind –
ausgefüllt und glücklich sind,
ein Beruf, der fasziniert
und sich außerdem rentiert,
Schönheit, Charme und Energie,
denn, weiß Gott, wir brauchen sie!
Und stets gut gezupfte Brauen.

Mit liebem Weihnachtsgruß,
die Frauen

Wunschzettel für Männer

Andrea Schomburg

PCs, die stets funktionieren,
Frauen, die nichts komplizieren,
die total von uns besessen,
niemals nölen, niemals stressen,
die uns jederzeit verwöhnen
und „Du bist mein Löwe!" stöhnen.
Liebes- und Berufsrivalen,
die verenden unter Qualen,
und ein Auto, das stets fährt,
Geld, das sich von selbst vermehrt,
Freunde, die für alle Fälle
stets mit Rat und Tat zur Stelle,
ein Beruf, der fasziniert
und sich außerdem rentiert
und der Kraft lässt und auch Zeit
für das, was uns sonst noch freut.
Die Geschenke wären Renner!

Mit liebem Weihnachtsgruß,
die Männer

Die Weihnachtsformel

Katja Schmid

Protect me from what I want.
Jenny Holzer

Und wenn schon. Dann gibt es eben Streit. Werde ich schon aushalten. Wenn es jemals rauskommt. Muss mir halt was einfallen lassen. Die ganze Familie am ersten Advent zu mir einladen, zum Beispiel. Die Verwandtschaft kommt sowieso regelmäßig zu Besuch, um dies und das wiederzusehen. Ja wirklich, sie kommen nicht, um mich, sondern vielmehr um Charlotte Kerr in „Raumpatrouille Orion" zu sehen. Dabei kann ich von Glück reden. Ich bekomme seit einem Jahr nur noch DVDs.

Weil sich herumgesprochen hat, dass ich auf nur 50 Quadratmetern lebe. Meiner Schwester Hella stehen 300 Quadratmeter Wohnfläche zur Verfügung. Theoretisch. Praktisch muss sie sich das Haus mit riesenhaften Plüschtieren teilen. Weil sie als Kind mal was Falsches gesagt hat auf der Kirmes. Von wegen „Ach, was ist der Teddy süß". Ausgerechnet Onkel Walter trug sie damals auf dem Arm, und weil er der tollste

Onkel der Welt ist, hat er ihr prompt den Bären ge-
schossen. Ehrensache für einen alten Scharfschützen.
Seither ist Hella die Mutter aller Plüschtiere. Weil
Onkel Walter das Schießen nicht lassen kann. Und
weil sein Vorbild den Rest der Verwandtschaft inspi-
riert hat. Nicht nur was das Schießen angeht, sondern vor allem was die Formel angeht. Hella =
Plüschtiere. Das ist die Weihnachtsformel für Hella.
Und die Geburtstagsformel. Und die Namenstags-
formel. Und die Erstkommunionsformel. Seit jener
Kirmes bekommt Hella zu jeder Gelegenheit Plüschtiere. Möglichst große, bitteschön, wir wollen uns ja
nicht lumpen lassen.

In unserer Familie geht es darum, möglichst viel zu
schenken, damit alle das Richtige antworten können, wenn sie hinterher gefragt werden, wie Weihnachten war. Wobei wir niemals fragen: „Wie war es
an Weihnachten?", sondern stets: „Wie war dein
Weihnachten?" Was so viel heißt wie: „Wie viel hast
du bekommen?" Die korrekte Antwort lautet deshalb nicht „Danke, es war schön", sondern vielmehr
„Ich hatte ein großartiges Weihnachten". Vielleicht
fällt Ihnen der Unterschied zwischen den beiden For-
mulierungen gar nicht auf. Sein und Haben sind
schließlich unauffällige Begriffe. In unserer Familie

jedoch geht es nur ums Haben, der Rest ergibt sich von allein.

Weil es unter diesen Vorzeichen nicht angeht, dass man sich bei jeder Gelegenheit den Kopf darüber zerbricht, was man verschenken soll, gibt es für jedes Familienmitglied eine Weihnachtsformel. Natürlich könnten wir auch Geschenkformel dazu sagen. Weil die Formel nicht nur an Weihnachten, sondern zu jedem Anlass gilt. Aber Weihnachtsformel klingt besser, außerdem ist es leichter zu merken. Und wir mögen es gerne einfach. Deshalb wird die Weihnachtsformel auch nicht mehr verändert, wenn sie einmal ermittelt wurde. Die Festlegung der Formel ist nämlich gar nicht so einfach. Zum einen muss sich das Thema in eindeutig zur Formel passende Geschenke verwandeln lassen. „Hella = Plüschtiere" funktioniert einwandfrei, „Hella = Gesundheit" wäre ungünstig: Zwar könnte man Vitaminsäfte, Massagen, Badezusätze und dergleichen mehr verschenken, doch hätte all das nur einen geringen Erhaltungsgrad. Regel Nummer 2 besagt nämlich, dass sämtliche Geschenke als solche Bestand haben sollen, damit sich die ganze Familie auch noch Jahre später an ihnen erfreuen kann. Drittens darf jede

Formel nur ein Mal vergeben werden. Weil jeder was Besonderes ist. Ganz nebenbei wird auf diese Weise verhindert, dass Geschenke innerhalb der Familie weitergereicht werden.

Erfunden wurde die Weihnachtsformel von unseren Großeltern mütterlicherseits. Damals, im Krieg, natürlich. Man hatte ja nichts, blablabla. Heute hat jeder von uns zu viel. Meine Großeltern können nicht ins Seniorenheim umziehen, weil sie ihre Weihnachtsformel-Produkte dort nicht unterbringen könnten. Sicher ahnen sie insgeheim, dass sie ihre Schätze nicht ins Grab mitnehen können, doch bis dahin wollen sie auf nichts verzichten. Und damit sie im Jenseits wenigstens ihre Lieblingsstücke um sich wissen, haben sie eine „Geräumige Gruft" erworben und Regale einbauen lassen. Die Weihnachtsformeln meiner Großeltern lauten übrigens „Oma = Kaufmannsladen" und „Opa = Stempel". Sie herrscht über ein Imperium aus 837 Kaufmanns-Filialen, er nennt über 12.000 Stempel sein Eigen. Bis Mitte der neunziger Jahre waren die Sammlungen der beiden weitaus bescheidener, doch seit man in Online-Auktionshäusern alles ersteigern kann, was die Weihnachtsformel befiehlt, hat es einen gewaltigen Zuwachs gegeben. Selbstverständlich ist jeder Kaufmannsladen voll ausgestattet, mit Theke, Waage, Registrierkasse, Kolonialwaren und zeitgenössischer Reklame. Nur die Kunden fehlen. Meine Oma duldet in ihrem Reich keine Püppchen. Außerdem ist die Formel auf die Zeit bis 1933 eingegrenzt. Opas Stempel enden nicht im Jahr 1933. Im Gegenteil. Einige seiner interessantesten Stücke datieren aus dem Dritten Reich.

Für mich galt lange Zeit die Weihnachtsformel: „Almut = Sciencefiction". Weil ich als Kind einen Perry-Rhodan-Band nach dem anderen verschlungen habe. Natürlich beließ es meine freigebige Verwandtschaft nicht bei Büchern. Maßstabsgetreue Raumstationen, Stretch-Aliens und Pappaufsteller der gesamten Crew von Star Trek verwandelten mein Kinderzimmer bald in ein Museum der Popkultur. Als ich vor einem Jahr an der Filmhochschule aufgenommen wurde und nach München zog, ließ ich das meiste zu Hause. Nur die Filme nahm ich mit. Zum ersten Mal in meinem Leben konnte ich Gäste empfangen, ohne in der Sci-Fi-Kulisse zu verschwinden. Natürlich musste ich nicht jeden mit auf mein Zimmer nehmen. Allerdings war der Rest vom Haus nicht viel unauffälliger. Dafür sorgten die Weihnachtsformeln meiner Mutter (= Enten) und meines Vaters (= 1:18-Modellautos). Während seine Preziosen in Vitrinen glänzen, lauern ihre Schnattertiere überall. Sogar auf dem Geschirr, auf Handtüchern und als WC-Bürsten-Halter sind sie anzutreffen. Manchmal frage ich mich, wie mein Vater das aushält. Meine Mutter, meine Schwester und ich wurden in diesen Formel-Wahn hineingeboren. Er jedoch kam von außen dazu. Seine Weihnachtsformel brachte er zum Glück gleich mit. Sonst hätte er vom Familienrat eine verpasst bekommen. Wie Tante Erna, die Frau von Onkel Walter (= Schusswaffen). Sie interessiere sich für gar nichts, behauptete sie steif und fest. Also bekam sie Nichts mit einer Schleife drumrum (= Verpackungen). Nach ein paar Jahren bekannte sie sich zu Rosen – zu spät. Meine Großeltern hatten soeben einen Vertrag mit einem Kartonagen-Fabrikanten unterzeichnet.

Natürlich hat die Weihnachtsformel ihren Preis. Ohne unsere hervorragenden Kontakte zu Herstellern und Lieferanten wären wir längst pleite. Doch die Vorteile liegen auf der Hand: Wir geraten niemals in Panik vor Weihnachten. Dank der Weihnachtsformel können wir Jahre im Voraus planen. Und passende

Objekte en gros erwerben. Das einzige Problem heißt Platz. Meine Schwester zum Beispiel wohnt ganz allein in ihrem Haus, sie wüsste schlichtweg nicht, wohin mit einem Mann samt eigener Weihnachtsformel. Als sie ihrem Ex-Freund zuliebe versuchte, ein paar Eisbären zu verkaufen, wurde sie fast enterbt. Ich selbst habe mich ganz bewusst nur in München beworben, wo die Mieten teuer sind und ich mir höchstens ein kleines Appartement leisten kann. Weil ich mal wissen wollte, wie es ohne meine Sammlung ist. Ob ich mich noch wiedererkenne, ob ich mich nackt fühle, so ganz ohne meinen Sci-Fi-Panzer. Zuerst war es wie im Hotel, dann einfach nur schrecklich. Ich ging zum Schlafen nach Hause. Erst allmählich gewöhnte ich mich an die weißen Wände. Dann kam der Tag, an dem ich meinen ersten Übungsfilm finanzieren musste. Mein Produzent war eine Flasche und ich sah nur einen Ausweg. Ich musste was verkaufen. Etwas aus meiner Sci-Fi-Sammlung. Was Kleines, das die Familie längst vergessen hatte und das ich unbemerkt aus meinem Zimmer entfernen konnte. Ich legte ein zweites Konto bei eBay an – und benutzte Namen und Adresse einer Freundin. Ich durfte auf keinen Fall auffliegen. Wäre ja möglich, dass ein Familienmitglied mitsteigern wollte.

Es war unglaublich aufregend. Der Reiz des Verbotenen, werden Sie sagen. Doch das allein war es nicht. Es war die Erfahrung, etwas zu besitzen, das andere um jeden Preis haben wollen. Die Auktion lief zehn Tage, und vom ersten Tag an kletterten die Gebote in die Höhe. Verzweifelte Sammler baten mich, die Auktion vorzeitig zu beenden, und boten irrwitzige Beträge. Kam nicht infrage. Ich wollte sehen, wie weit die Bieter gehen würden. Für meinen Übungsfilm würde es auf alle Fälle reichen. Der Höchstbietende kam aus München. Sekunden nach dem Zuschlag fragte er an, ob er das Teil persönlich abholen könne. Ich bekäme das Geld bar auf die Hand. Prima, dachte ich, auf diese Weise kann ich mir meine kleine Geldwaschanlage sparen. Und dann sei da noch was. Ob ein Fernsehteam die Übergabe filmen dürfe. Er sei ein passionierter Sci-Fi-Sammler und werde gerade von einem Privatsender porträtiert. Das Bietergefecht um meine Auktion sei ein Highlight der Dokumentation, die am ersten Advent ausgestrahlt werden soll. Natürlich habe ich Nein gesagt. Damit kann ich aber noch lange nicht verhindern, dass er seine Neuerwerbung in die Kamera hält. Schöne Bescherung.

Weihnachten damals und heute

Jess Jochimsen

Sagen wir doch, wie es ist: Weihnachten, das waren mal leuchtende Kinderaugen, Spekulatiusduft und Vorabendserien mit Patrick Bach. Heute herrscht Hektik, Agonie und die Uschiglasierung der Gesellschaft. Und das Schlimmste: Mein Sohn Tom ruiniert mir die festliche Stimmung. Nicht absichtlich natürlich, einfach nur dadurch, dass er älter wird. Früher hat mich seine kindliche Vorfreude regelmäßig aus der Herbstschwermut gerissen, und heute? Es ist Ende November, die Vorweihnachtszeit hat noch gar nicht richtig begonnen und Tom hat mir, wie ein erwachsener Vollprofi, bereits seinen Wunschzettel zukommen lassen – per Email; fehlerlos getippt, mit Preisangaben und den Links zu den Internetshops, bei denen ich seine Sachen bestellen soll (alles so Computerzeugs, bei dem ich von der Hälfte noch nicht mal weiß, was es eigentlich ist).

„Arbeitserleichterung für das Christkind" nennt man das wohl, und: „So ist eben der Lauf der Dinge."

Dem füge ich mich, aber ich bin auch ein gnadenloser Melancholiker, und so denke ich gerne an jene Zeit von vor drei Jahren zurück, in der Tom nicht so genau wusste, von wem er die Geschenke eigentlich kriegt. Analytisches, christliches und heidnisches Denken führten einen erbitterten Dreikampf in seinem kleinen Kopf, und das war einfach wunderbar.

„Bringt der Weihnachtsmann allen Kindern die Geschenke?", wollte er zum Beispiel wissen.

„Ja, Tom, allen Kindern, zumindest denen, die brav waren."

„Das schafft der gar nicht. Das sind zu viele."

„Doch ... das schafft er."

„Weißt du, was ich glaube? Der Weihnachtsmann bist in Wirklichkeit du!"

„Ich? Nein, ich würde das wirklich nicht schaffen. Ich muss doch den Baum aufstellen und kochen und mit dir in die Kirche, da hab ich keine Zeit."

„Letztes Jahr warst du aber nicht mit uns in der Kirche ..."

„Aber dieses Jahr gehe ich."

„Musst du auch. Weil an Weihnachten ist der Jesus geboren worden."

„Das stimmt."

„Wann genau?"

„Äh… abends."

„Nein, wann das war? In welchem Jahr?"

„Oh … Also im Jahre Null. Und dieses Jahr ist Zweitausendund…"

„So oft hatte der schon Weihnachten?"

„Wenn du so willst."

„Dann hat der aber schon viele Geschenke bekommen!"

Was habe ich diese Dialoge geliebt.

„Wie oft hatte ich denn schon Weihnachten, Papa?"

„Dies Jahr ist es das sechste Mal."

„Aber ich bin doch erst fünf."

„Eben."

„Versteh ich nicht."

Es war herrlich, die 24 Türchen des Adventskalenders schaffte Tom spielend, aber bis sechs zu zählen überforderte ihn. Allein die Geschenkfrage ließ ihm keine Ruhe:

„Vielleicht bringt der Jesus ja die Geschenke?"

„Das glaube ich nicht, Tom, der ist doch das Geburtstagskind."

„Ja, früher. Aber jetzt ist er alt, da gibt er Geschenke ab."

„Aha. --- Und von wem hat er die Geschenke?"

„Vom Weihnachtsmann!"

Es war einfach zu schön. Und jetzt, wo ich mich daran erinnere, wärmt es mir das Herz. Wäre doch gelacht, wenn sich die feierliche Stimmung nicht doch noch einstellen würde. Frohes Fest!

Freue dich!

Hans Scheibner

Ich habe den Verdacht, dass da irgendwas nicht stimmt. Aber ich kann es nicht beweisen. Ein paar Wochen vor Weihnachten fängt meine Frau plötzlich an und sagt: „Ach, ich freu mich schon so auf Heiligabend!" – Ich reagiere natürlich sehr vorsichtig und sage: „Sicher, weil du so ein schönes Geschenk für mich gefunden hast?" – „Och ja", antwortet sie, „das ja sowieso. Aber ich freu mich am meisten, weil ich weiß, dass du dir immer so herrliche Überraschungen für mich ausdenkst." Ich überlege einen Augenblick ganz scharf und fühle, wie eine Art moralische Entrüstung in mir aufsteigt. Ich lege ernsthaft die Stirn in Falten und sage: „Wenn ich mich recht erinnere, ist Weihnachten doch dazu da, an andere zu denken und nicht an sich selbst." – „Aber natürlich", sagt meine Frau, „Weihnachten sollen alle Leute einander Freude bereiten. Und je mehr und je reinere Freude man den anderen bereitet, umso besser hat man den Sinn der Weihnacht erfüllt."

Wenn sie „Sinn der Weihnacht" sagt, kriegt sie so strahlende Weihnachtsengelaugen, aber ich lasse mich davon natürlich nicht irritieren. „Also bitte", sage ich, „dann geht es doch darum, anderen etwas zu schenken, und nicht darum, selbst etwas zu kriegen." – „Ja schon", sagt sie, „aber man darf das nicht so oberflächlich sehen. Nehmen wir mal an, du schenkst mir diese Weihnachten die Rotfuchsjacke…" – „Ich heiß doch nicht Krupp oder Rothschild!" – „Das ist ja auch nur ein Beispiel. Außerdem schenken solche Leute Nerzjacken, und nicht so was verhältnismäßig Preiswertes. Also, mal angenommen, nur mal angenommen: du schenkst mir diesen Rotfuchs, dann wäre das ganz bestimmt das schönste Weihnachtsgeschenk, das ich dir diese Weihnachten machen könnte."

„Wie bitte? Ich glaub, ich komm nicht mehr mit. Du mir?" – „Ist doch ganz klar. Ich würde mich so ungeheuer freuen, dass meine Freude dein schönstes Geschenk wäre. Vorige Weihnachten, als ich mich so sehr über das Armband gefreut habe, hast du doch auch gesagt: Ich freu mich so, dass du dich freust!" An diesem Punkt wird mir schon so schwindlig, dass ich denk, ich hör die Weihnachtsglocken bimmeln. Mit einem letzten Aufbäumen meiner Logik sage ich: „Hör mal! Ich freu mich aber auch über das, was du mir schenkst. Hoffentlich."

Da lächelt sie mitleidig. „Ja, gewiss freust du dich auch, wenn du etwas geschenkt bekommst. Aber das ist doch mehr die materielle Freude. Die reine Weihnachtsfreude ist doch die andere, die selbstlose Freude. Die Freude über die Freude – deiner Frau zum Beispiel. Und siehst du, diese reine Freude möchte ich dir so gern zu Weihnachten schenken."

Ich weiß genau, da stimmt irgendwas nicht. Aber ich seh es schon kommen: Ich werd mir wohl die Freude machen – Verzeihung: die reine Freude –, diesen Rotfuchs zu kaufen!

Die Bescherung

Hanns Dieter Hüsch

Daß mir keiner ins Schlafzimmer kommt! Alle Jahre wieder ertönt dieser obligatorische Imperativ aus dem Munde meiner Frieda, wenn es darum geht, am Heiligen Abend Pakete und Päckchen in geschmackvolles Weihnachtspapier zu schlagen, wenn es darum geht, den Rest der Familie in Schach zu halten, damit auch ja keiner einen voreiligen Blick auf die Geschenke werfen kann.

Ich dagegen habe es einfacher: Ich schmücke den Baum! Punkt 17.00 Uhr begebe ich mich auf die Veranda und hole den schönen Baum herein.

Es ist wirklich ein schöner Baum, sagt die Frieda.

Doch, sage ich, der Baum ist schön.

Dann kommt die kleinere Frieda auch noch und sagt, daß der Baum schön ist.

Und nachdem wir alle noch ein paarmal um den schönen Baum herumgegangen sind, sagt die Frieda: Mein Gott! Es ist ja schon halb sechs!

Und damit beginnt offiziell in allen Familien, die sich bei diesem Fest noch bürgerlicher Geheimnistuerei bedienen, der nervöse Teil der Bescherung.

Deshalb stecke ich mir vorbeugend – einmal im Jahr – zunächst mal eine Zigarre an und überlege in aller Ruhe, welche formalen Prinzipien ich dieses Mal zur Ausschmückung des schönen Baumes anwende.

Habe ich dann den Baum nach einigen Schnitzereien mit einem Sägemesser glücklich in den Christbaumständer gezwängt, weiß ich auch schon, wie ich's mache: Dieses Mal werde ich endlich dem Prinzip huldigen: Je schlichter, desto vornehmer! Zwei, drei Kugeln. Vier bis fünf Kerzen, hie und da einen Silberfaden, aus! Schließlich ist das ja ein Baum und keine Hollywoodschaukel.

Das soll natürlich nicht heißen, daß wir nicht genug Kugeln und Kerzen, Lametta und Engelshaar, Glöckchen und Trompetchen hätten. Im Gegenteil. Ich könnte damit drei Bäume, Pardon, drei schöne Bäume schmücken.

Und schon erhebt sich die Frage: Nur bunte Kugeln oder nur silberne? Nur weiße Kerzen oder nur rote? Engelshaar oder kein Engelshaar? Ja, was sollen meine intellektuellen Freunde denken, wenn die am 2. Feiertag zu Besuch kommen und sehen dann meinen Mischmasch aus Sentimentalität und Kunstgewerbe. In diese meine präzisen ästhetischen Überlegungen hinein platzt die Frieda mit dem Ruf:

Wie weit bist du? Um sechs Uhr ist Bescherung!

Das schaffe ich nicht, rufe ich zurück, ich kann ja den Baum nicht übers Knie brechen.

Wir haben zu Hause, sagt die Frieda, immer um sechs Uhr die Bescherung gehabt.

Wir haben die Bescherung, sage ich, immer um halb acht gehabt.

Wir haben sie um sechs gehabt, sagt die Frieda.

Um sechs Uhr schon Bescherung, sage ich, warum dann nicht schon gleich um vier oder im Oktober.

Wir haben die Bescherung immer um halb acht gehabt, manche Leute haben die Bescherung ja erst am anderen Morgen.

Und wann sollen wir essen, fragt die Frieda.

Nach der Bescherung, sage ich.

Also um 9.00 Uhr, sagt die Frieda, bis dahin sind wir ja verhungert. Wer hat übrigens das Marzipan gegessen, das hier auf der Truhe lag?

Ich nicht, ruft die kleinere Frieda aus der Küche.

Also, sagt die Frieda, wenn du jetzt nicht den Baum in einer Viertelstunde fertig hast, dann könnt ihr euch eure Bescherung sonst wo hinstecken!

Vielleicht fängt schon mal einer an zu singen, sage ich, desto leichter geht mir der Baum von der Hand. Und alle ästhetischen Überlegungen nun über den

Haufen werfend, überschütte ich den schönen Baum
mit allem, was wir haben, so daß man schließlich vor
lauter Glanz und Gloria keinen Baum mehr sieht,
und die Frieda kommt herein und sagt: Nun hast du's
ja doch wieder so gemacht wie im vorigen Jahr, das
nächste Mal schmücke ich den Baum!

Ja, sage ich, wenn ihr mir keine Zeit laßt, dann kann
natürlich kein Kunstwerk entstehen.

Nun steh hier mal nicht im Weg, sagt die Frieda, geh
jetzt mal raus, ich muss nämlich jetzt hier die Geschenke packen und aufbauen!

Ja, wo soll ich denn hingehen, frage ich, darf ich
vielleicht ins Wohnzimmer?

Nein, ruft da meine Schwägerin, die inzwischen ein-
getrudelt ist, daß mir keiner ins Wohnzimmer
kommt, ich bin noch nicht fertig. Und in die Küche
darf ich auch nicht, da bastelt nämlich die kleinere
Frieda noch an diesen entzückenden Kringelschleif-
chen für jedes Päckchen herum.

Die Frieda kommt aus dem Christbaumzimmer und
sagt: Augen zu! Ich halte die Augen zu und sage: Ins
Bad nur über meine Leiche, da hab ich nämlich meine Geschenke versteckt!

Und so geht das die ganze nächste halbe Stunde:
Dreh dich mal um, guck nur nicht unter den Teppich,

wer hat den Schlüssel vom Kleiderschrank, ich brauche noch geschmackvolles Weihnachtspapier, der Klebestreifen ist alle, willst du wohl von der Tür da weggehn, such lieber mal die Streichhölzer, meine Mutter hat das alles alleine gemacht, das ist gemein, du hast geguckt, die paar Minuten wirste wohl noch warten können.

Bis es dann endlich soweit ist, aber selbst dann kommt bei uns keine Ordnung zustande, dann heißt es nämlich: Wer packt zuerst aus? Du! Nein, ich nicht, zuerst das Kind, dann du. Nein, du dann. Wieso ich? Also, dann du und dann ich. Ich zuletzt, bitte.

Nun werden Sie vielleicht fragen, mit Recht fragen: Wird denn bei Ihnen gar nicht gesungen, wird denn bei Ihnen nur eingepackt und ausgepackt? Doch, doch, natürlich, eine Strophe wird schon gesungen, aber dann fällt das Singen meist auseinander. Aber, wissen Sie, beim Einpacken und Auspacken, da sind wir alle so nervös und verlegen, dabei merkt man die Liebe und den Frieden und den Menschen ein Wohlgefallen viel stärker als beim Singen. Und auch der Baum, der kann dann sein, wie er will, groß oder klein, dürr oder dicht, bunt oder schlicht, die Frieda sagt dann jedesmal – auch dieses Mal wieder –: Also, der Baum … also, der Baum … der Baum ist wunderschön!!!

Der störrische Esel und die süße Distel

Karl Heinrich Waggerl

Als der Heilige Josef im Traum erfuhr, dass er mit seiner Familie vor der Bosheit des Herodes fliehen müsse, weckte der Engel in dieser bösen Stunde auch den Esel im Stall.

„Steh auf!", sagte er von oben herab. „Du darfst die Jungfrau Maria mit dem Herrn nach Ägypten tragen."

Dem Esel gefiel das gar nicht. Er war kein sehr frommer Esel, sondern eher ein wenig störrisch von Gemüt. „Kannst du das nicht selber besorgen?", fragte er verdrossen. „Du hast doch Flügel und ich muss alles auf dem Buckel schleppen! Warum denn gleich nach Ägypten, so himmelweit!"

„Sicher ist sicher!", sagte der Engel; und das war einer von den Sprüchen, die selbst einem Esel einleuchten müssen.

Als er nun aus dem Stall trottete und zu sehen bekam, welch eine Fracht der Heilige Josef für ihn zusammengetragen hatte, das Bettzeug für die Wöchnerin und einen Pack Windeln für das Kind, das Kistchen mit dem Gold der Könige und zwei Säcke mit Weihrauch und Myrrhe, einen Laib Käse und eine Stange Rauchfleisch von den Hirten, den Wasserschlauch und schließlich Maria selbst mit dem Knaben, auch beide wohlgenährt, da fing er gleich wieder an, vor sich hinzumaulen. Es verstand ihn ja niemand außer dem Jesuskind.

„Immer dasselbe", sagte er, „bei solchen Bettelleuten! Mit nichts sind sie hergekommen, und schon haben sie eine Fuhre für zwei Paar Ochsen beisammen. Ich bin doch kein Heuwagen", sagte der Esel und so sah er auch wirklich aus, als ihn Josef am Halfter nahm; es waren kaum noch die Hufe zu sehen.

Der Esel wölbte den Rücken, um die Last zurechtzuschieben, und dann wagte er einen Schritt, vorsichtig, weil er dachte, dass der Turm über ihm zusammenbrechen müsse, sobald er einen Fuß voransetze. Aber seltsam, plötzlich fühlte er sich wunderbar leicht auf den Beinen, als ob er selber getragen würde; er tänzelte geradezu über Stock und Stein in der Finsternis.

Nicht lange und es ärgerte ihn auch das wieder.

„Will man mir einen Spott antun?", brummte er.

„Bin ich etwa nicht der einzige Esel in Bethlehem, der vier Gerstensäcke auf einmal tragen kann?" In seinem Zorn stemmte er plötzlich die Beine in den Sand und ging keinen Schritt mehr von der Stelle. Wenn er mich auch noch schlägt, dachte der Esel erbittert, dann hat er seinen ganzen Kram im Graben liegen!

Allein Josef schlug ihn nicht. Er griff unter das Bettzeug und suchte nach den Ohren des Esels, um ihn dazwischen zu kraulen. „Lauf noch ein wenig", sagte der Heilige Josef sanft, „wir rasten bald!" Daraufhin seufzte der Esel und setzte sich wieder in Trab. So einer ist nun ein großer Heiliger, dachte er, und weiß nicht einmal, wie man einen Esel antreibt!

Mittlerweile war es Tag geworden und die Sonne brannte heiß. Josef fand ein Gesträuch, das dünn und dornig in der Wüste stand; in seinem dürftigen Schatten wollte er Maria ruhen lassen. Er lud ab und schlug Feuer, um eine Suppe zu kochen; der Esel sah es voll Misstrauen. Er wartete auf sein eigenes Futter, aber nur, damit er es verschmähen konnte. „Eher fresse ich meinen Schwanz", murmelte er, „als euer staubiges Heu!"

Es gab jedoch gar kein Heu, nicht einmal ein Maul voll Stroh; der Heilige Josef, in seiner Sorge um Weib und Kind, hatte es rein vergessen. Sofort fiel den Esel ein unbändiger Hunger an. Er ließ seine Eingeweide so laut knurren, dass Josef entsetzt um sich blickte, weil er meinte, ein Löwe säße im Busch.

Inzwischen war auch die Suppe gar geworden und alle aßen davon. Maria aß und Josef löffelte den Rest hinterher und auch das Kind trank an der Brust seiner Mutter; nur der Esel stand da und hatte kein einziges Hälmchen zu kauen. Es wuchs da überhaupt nichts, nur etliche Disteln im Geröll. „Gnädiger Herr!", sagte der Esel erbost und richtete eine lange Rede an das Jesuskind; eine Eselsrede zwar, aber ausgekocht scharfsinnig und ungemein deutlich in allem, worüber die leidende Kreatur vor Gott zu klagen hat. „I-a!", schrie er am Schluss, das heißt: „So wahr ich ein Esel bin!"

Das Kind hörte alles aufmerksam an. Als der Esel fertig war, beugte es sich herab und brach einen Distelstängel; den bot es ihm an.

„Gut!", sagte er, bis ins Innerste beleidigt. „So fresse ich eben eine Distel! Aber in deiner Weisheit wirst du voraussehen, was dann geschieht. Die Stacheln werden mir den Bauch zerstechen, sodass ich sterben muss, und dann seht zu, wie ihr nach Ägypten kommt!"

Wütend biss er in das harte Kraut und sogleich blieb ihm das Maul offenstehen; denn die Distel schmeckte durchaus nicht, wie er es erwartet hatte, sondern nach süßestem Honigklee, nach würzigstem Gemüse. Niemand kann sich etwas derart Köstliches vorstellen, er wäre denn ein Esel.

Für diesmal vergaß der Graue seinen ganzen Groll. Er legte seine langen Ohren andächtig über sich zusammen, was bei einem Esel so viel bedeutet, wie wenn unsereins die Hände faltet.

Die Weihnachts-Diät

Stefan Pinnow

„Die Sensation zu Weihnachten – vier Kilo in vier Tagen! Abnehmen über die Feiertage!" So wird die Überschrift lauten, wenn ich meine Weihnachts-Diät an eine dieser Frauenzeitschriften verkauft habe, die in jeder Ausgabe eine neue Diät erfinden. Zum Beispiel: „Die Suppen-Diät", die einfach daraus besteht, dass man acht Wochen lang von morgens bis abends nur Suppe essen darf und schwupps ein paar Kilo verliert – und die Lust auf Suppen für die nächsten zehn Jahre gleich mit.

Oder es werden ein paar gängige Begriffe zusammengewürfelt, von der die Redaktion meint, dass wir Leserinnen darauf anspringen: „Die Yoga-Meditations-Aryuveda-Pilates-Tai-Chi-Diät". Sehr beliebt ist es auch, einfach einen englische Namen zu verwenden: „Die Fit-Fresh-Forever-XXL-Low-Carb-Fatburn-Freedom-Diät" oder so. Das zieht immer. Ich sollte meine Erfindung also „Die Christmas-Diät" nennen. Oder noch schöner „Die Christmas-Kur". Was für eine fette Idee.

Durch Zufall bin ich auf die Idee gekommen. Es war

vergangenes Jahr, etwa zehn Tage vor Heiligabend. Die Kinder wollten selber Plätzchen backen. Nicht einfach irgendwelche, nein, sie wollten sich gleich an die Operation am offenen Herzen unter den Weihnachtsplätzchen wagen – an Vanillekipferl.

„Au ja, Vanillegipfel!", rief Nick, unser Jüngster.

„Das ist aber gar nicht so einfach!", sagte ich.

„Keine Angst, Mama, wir machen die ganz alleine", meinte Natascha, meine große Tochter. Und so saß ich kurze Zeit später am Esstisch und schaute zu, wie meine drei Hobby-Weihnachtsbäcker bei dem Versuch, Vanillekipferl zu backen, die Küche verwüsteten. Eier fielen zu Boden, die Butter explodierte in der Mikrowelle, als sie darin flüssig werden sollte, und die beiden jüngsten staubten dermaßen mit dem Mehl herum, dass ich befürchtete, der Rauchmelder würde gleich Alarm schlagen.

„Cool", schrie Nick immer wieder, „wir backen Vanillegipfel!"

Das Ganze gipfelte schließlich darin, dass die Kipferl nichts wurden. Der Mürbeteig machte seinem Namen alle Ehre und wurde so mürbe, dass uns die fertigen Kekse unter den Fingern zerbröselten. Und so saßen wir – zehn Tage vor Heiligabend – ohne Vanillekipferl da.

Was wiederum bedeutet: keine Kipferl – keine Kalorien. Der erste Schritt der Christmas-Kur war getan. Nur wusste ich das zu dem Zeitpunkt noch nicht.

„Ich backe morgen Plätzchen", tröstete ich meine Kinder – und fügte in Gedanken hinzu: „Allein!"

Tags darauf – die Kinder waren in der Schule – verbrachte ich den halben Vormittag damit, Weihnachtsplätzchen zu backen. Die ganz einfachen, zum Ausstechen, mit Zuckerguss oder leckerer Schokolade bestrichen – fertig. Die fertigen Plätzchen stapelte ich in zwei große, schöne Blechdosen, die ich nach dem Mittagessen feierlich öffnete. Drei Paar Kinderhände griffen gierig zu und drei Mäulchen mampften zufrieden meine Plätzchen. Ich selber hatte buchstäblich so sehr die Nase voll von Mehl, Zimt, Zuckerguss und flüssiger Schokolade, dass ich mir keinen Keks nahm. Das wollte ich mir für abends aufheben. Ich war soeben den zweiten Schritt meiner Weihnachts-Diät gegangen.

Der dritte folgte noch am gleichen Tag.

Denn etwas später kam Lucia weinend die Treppe runter, sie hatte sich irgendwo den Finger eingeklemmt und verlangte ganz dringend nach einem Trösterchen – in Form einer Handvoll Weihnachts-Plätzchen. Nachmittags dann hatte Nick zwei Kumpels zum Spielen eingeladen und fragte: „Können wir uns was zum Essen mit nach oben nehmen?" Ich saß gerade am Computer und rief nur: „Ja, ja …", ohne zu wissen, was da hinter meinem Rücken durchs Haus transportiert wurde.

Abends dann, ich hatte mich gerade aufs Sofa fallen lassen, die vorweihnachtliche Bescherung. Beide Dosen waren leer. Kein einziger Keks war mehr da. Alles weggefressen von dieser kleinen Meute gieriger Plätzchen-Jäger. Einige der Kunstwerke, die ich stundenlang geknetet, ausgestochen, gebacken, verziert hatte, befanden sich sogar in den Bäuchen fremder Kinder. So lag ich da, ermattet vom Tag, und hätte dringend was Süßes brauchen können, aber es war ja nichts mehr da. Ich hätte mir sogar eine Schachtel Zuckerstreusel in den Rachen schütten können.

Das war Schritt Drei meiner Christmas-Kur: Besser als eine FDH-Diät (Friss die Hälfte) ist nur noch die FDHIGFGNIB-Diät (Friss die Hälfte ist gut, friss gar nichts ist besser).

Schritt Vier folgte schon ein paar Tage später. In einer Frauenzeitschrift (!) las ich von der Idee, eine vorweihnachtliche Party für Freunde zu organisieren. Die passenden Rezepte waren gleich dabei. Ich lud einige unserer besten Freunde ein – lieber ein paar mehr, einige würden bestimmt absagen – und stellte mich einen ganzen Tag in die Küche.

Es kam der Tag der Party – und mit ihm alle, die ich eingeladen hatte. Und gleich noch zwölf Personen mehr, denn es waren ja nur noch zwei Tage bis Heiligabend. Die Schibalskys hatten für die Feiertage ihre Familie da, die sie mitbrachten. Auch Ingi und Thorsten hatten ihre Eltern im Schlepptau. Und Thorstens Mutter begrüßte mich mit den Worten: „Ich wollte mir einmal die Frau angucken, die sich zwei Tage vor Heiligabend noch eine solche Party ans Bein bindet!"

Das alles erinnerte mich an ein Küchenhandtuch, das bei meiner Oma an der Wand hing und auf dem in gestickten Buchstaben stand: „Fünfe geladen, zehn sind gekommen, gieß Wasser in die Suppe, heiß alle willkommen…"

Gut – eine Suppe hatte ich nicht gekocht. Dafür eine Advents-Bowle, Zimtbrot, Weihnachtsschinken mit Rotkohl sowie schwedischen Kartoffelsalat und Bratapfel-Muffins. Außerdem Lebkuchen-Schicht-Dessert und Glühwein-Cookies.

Alles stand im Wohnzimmer auf unserem Esstisch, bereit, verzehrt zu werden. Von unseren Gästen. Von meinen Kindern. Von meinem Mann. Aber nicht von mir. Nichts davon wollte ich essen. Schließlich war ich die Gastgeberin und hatte all die herrlichen Leckereien gezaubert. Und da wollte ich nicht gierig zuschlagen und meinen Gästen etwas wegessen. Es war wie in einem All-inclusive-Urlaub, wenn man am Buffet steht und nicht weiß, wo man anfangen soll. Ich kam mir vor wie ein Bildhauer, der gerade sein Kunstwerk vollendet hatte – und es nun nicht zerstören wollte. Meine Gäste hatten da weniger Skrupel und verputzten eine Leckerei nach der anderen. Die Party war ein voller Erfolg. All unsere Freunde verließen satt und zufrieden unser Haus und ließen mich hungrig zurück.

Ich war soeben den vierten Schritt meiner Christmas-Kur gegangen und hatte schätzungsweise 15.000 Kalorien gespart.

Das ist sie also, meine kleine Diät zum Fest. Gut – in den folgenden Tagen ging es nicht ganz so mager weiter. Meine Schwiegereltern kamen über die Feiertage und brachten selbst gemachte Lebkuchen, Zimtsterne und Stollen mit. Unter dem Tannenbaum lag ein Gutschein meiner Kollegen für ein Sterne-Restaurant – und meine beste Freundin war so angetan von meiner Vorweihnachts-Party, dass sie zu einem „Nach den Festtagen-Fest" einlud. Komisch –

da konnte ich ungehemmt zuschlagen. Das alles werde ich bei meiner Christmas-Kur wohl lieber verschweigen. Und wenn Sie sie demnächst in irgendeiner Frauenzeitschrift lesen, verraten Sie mich bitte nicht. Das bleibt unser kleines, dickes Geheimnis …

Das Weingeheimnis

Kim Småge

Wein befreit den Menschen von der kühlen Denktätigkeit und offenbart seine innere Wärme und sein wahres Wesen.
frei nach Dionysos

Vor etlichen Jahren gehörte ich zu einer Jury, die den besten Roman im Genre Krimi und Spannung auswählen sollte. Die Manuskripte strömten herein, und als das letzte gelesen war, hatte ich den Eindruck gewonnen, dass Tafelfreuden und Mord zusammengehören. Nicht notwendigerweise weil Essen und Wein den Tod brächten. Aber zu all diesen eleganten Morden gesellten sich unweigerlich Speis und Trank. Vor allem Trank. Und kein beliebiger Trank! Helden und Schurken tranken keine Buttermilch und keine Vollmilch, weder Limonade noch Cola oder Wasser. Helden und Schurken tranken Wein. Aber sie kippten sich den Wein nicht hinter die Binde, um davon in Stimmung zu kommen. Wenn sie ihre Sorgen ertränken wollten, dann griffen sie zu Bourbon, Whisky und Wodka, und zwar an einem Tresen mit einem Barmann, der sie verstand – Runde um Runde – und ihnen ins wartende Taxi half, wenn der Abend ein Ende nahm, die Beine nicht mehr gehorchten, die Aussprache stockte und der Held ins Bett gesteckt werden musste. Wein dagegen spielte in den Manuskripten eine ganz andere Rolle. Er diente dem Genuss.

Ich fühlte mich von diesen Szenen total provoziert. Von diesen endlosen Mahlzeiten mit allerlei Weinsorten, die gekostet und geschmeckt und gegurgelt und kommentiert werden mussten. Ich kam mir vor wie im Kurs „The noble Art of Wine Tasting".

Was ich als Mädel aus dem Ostend von zu Hause an Wissen über Rotwein mitbekommen hatte, war folgende Aussage: „Huch, saurer Rotwein!" Weißwein wurde nie erwähnt. An einem Sommerabend, als die Frauen strickend auf den Bänken saßen und die Männer sich mit Schach die Zeit vertrieben, hatte ein Steward, der im Haus wohnte, eine Flasche Weißwein spendiert. Ich glaube, die Beschenkten wollten doch lieber Kaffee trinken. In meiner Umgebung hatten diese langhalsigen grünen oder blanken

Weinflaschen einfach keine Tradition. Sie gehörten in eine andere Welt. Ich bitte alle Weinkenner, mir zu vergeben, aber ich trinke wirklich gern Wein – vor allem Rotwein. Und ich esse gern Räucherlachs. Und es ist nicht mein Problem, dass die Kellner erbleichen und „Verzeihung?" fragen, wenn ich gut temperierten Rotwein und gut geräucherten Lachs bestelle.

Da saß ich nun also, mit Tausenden von Manuskriptseiten, auf denen es neben Morden und deren Aufklärung vor allem um Essen und Trinken ging. Ich versuchte, neutral zu sein, professionell, und keinen Autor zu nominieren, nur weil der Held oder Schurke Grütze, Hering und Knäckebrot aß und Sauermilch trank.

Ich versuchte, meinen Kopf auf null zu schalten. Es lagen doch recht viele Jahre zwischen meiner Jugend und „Rotwein schmeckt sauer" und meiner jetzigen Situation. Wirklich viele Jahre. Aber als ich zurückspulte und mich bemühte, WEIN zu denken, wurde ich ein wenig verlegen. Denn Rotwein für mich als Erwachsene bedeutete brennende Kerzen, eine Flasche beliebigen Weins, ein Zimmer mit Sofa und eine aufkeimende Liebschaft. Ziemlich banal also. Ich kann mich jedenfalls nicht daran erinnern, dass wir am Korken geschnuppert oder den Wein in eine Karaffe dekantiert oder ihn in den passenden Gläsern serviert hatten. Wir tranken vor allem aus für Studenten typischen Senfgläsern.

Aber ich bin nun einmal ein neugieriges Wesen, und mein Entschluss stand fest: Ich wollte den Weinkennern (sprich den Manuskriptverfassern) ihr Wissen über die verschiedenen Weinsorten entreißen.

Die Dame im Weinladen fand mein Vorhaben lustig. Ich erzählte von seriösen Weinproben, und sie versah mich mit Weinen von den preislichen Leichtgewichtsklassen bis zu den wirklichen Schwergewichten. Letztere rissen ein tiefes Loch in meine Brieftasche.

Ich transportierte die Weinflaschen durch die vereisten Straßen stehend, nicht liegend. Denn so verhält sich eine echte Önologin trotz der Rutschgefahr. Liegender Transport zerstört irgendwas. Ich hatte mir von Bekannten die vorschriftsmäßigen Trinkgefäße ausgeliehen, so echte, nach innen gebogene Weingläser. Beim Dekantieren war ich mir nicht mehr so sicher. Die einen sagten, der Wein müsse dekantiert werden, die anderen, das sei nur Unsinn.

Aber alle stimmten überein, was das Lüften betraf. Mindestens dreißig Minuten musste der Wein gelüftet werden. Bei Zimmertemperatur. Und damit ist keine normale Wohnzimmertemperatur gemeint, die liegt viel zu hoch. Zimmertemperatur in der Weinsprache bedeutet für Rotwein achtzehn Grad. Und versuchen Sie bloß nicht, die Flasche am Heizkörper oder unter dem Heißwasserhahn anzuwärmen, das wäre ein Sakrileg. Ich beging kein Sakrileg. Ich hielt mich an die Vorgabe der Manuskripte; ich kaufte den Wein zwei Tage vor der Probe und ließ ihn in Ruhe liegen und vor sich hin temperieren.

Vor mir auf dem Tisch stand die ganze Flaschenbatterie aufgereiht. Ein schöner Anblick. Ich duschte jeden Morgen mit unparfümierter Seife, ich benutzte keinerlei Spray, das Geruch oder Geschmack beeinträchtigen könnte, wenn der MOMENT DES KOSTENS gekommen war. Ich verzichtete am Vorabend des großen Tages sogar auf meine Abendzigaretten.

Das Problem war, dass das Ganze vormittags stattfinden sollte. Denn vor zwölf sind die Geruchs- und Geschmacksnerven besonders aufnahmefähig. Schöner wäre es eigentlich, dabei zu mehreren zu sein. So könnte man auch ein präziseres Resultat erzielen. Ich rief also Freunde und Bekannte an. Einer arbeitete in der Schule – hatte Unterricht; eine arbeitete bei der Gemeinde – hatte Besprechung; einer arbeitete im Kindergarten – große Verantwortung; eine arbeitete in einer Zeitungsredaktion – hatte Deadline. Niemand konnte sich an einem Mittwochvormittag vor Weihnachten einer Weinprobe widmen. Ich musste mich also auf mich selbst verlassen.

Alles ging gut. Ich stand früh auf. Ließ meine Katze nach draußen in den Schnee, ging gleich nach Ladenöffnungszeit zum Bäcker und kaufte Weißbrot. Und Mineralwasser. Wichtige Zutaten zu der Seance, die nun folgen sollte.
Alles war unter Kontrolle. Ich ging mit Andacht und Neugier zu Werk. Ich sehnte mich danach, zur Eingeweihten zu werden. Etwas von dem Prozess zu begreifen, den rote und blaue Trauben durchlaufen müssen, ehe sie in Flaschen landen und in Gläsern serviert werden.

Ich ging überaus sorgfältig vor. Hielt das Glas am Stiel, nahm den Wein in den Mund. Zuerst den billigsten Wein. Spuckte aus nach Weinkennerinnenmanier. Kaute ein Stück Weißbrot. Machte mit einem teureren Wein weiter. Mehr Weißbrot. Ein Schluck Mineralwasser. Nächster Wein. Ich schnupperte und gurgelte, kostete und schmatzte, notierte: „Dieser Wein hat meine Zähne ausgetrocknet, dieses Miststück. Zu viel Gerbsäure." Und spuckte aus. Versuchte, das LICHT zu sehen. Aber ich sah weder LICHT noch Nationalität, Bodenbeschaffenheit, Hanglage, Traubensorte, die Ahnen der Winzer zurück bis zu Karl dem Großen, Jahrgang oder …

Es schmeckte nach Wein. Ganz einfach. Nach Rotwein. Die exaltierten Darstellungen in den Manuskripten trafen nicht zu, sie stimmten nicht. Mir erzählte der Wein rein gar nichts über die Geschichte der Winzer, über gute und schlechte Jahre, über mit Fuß- oder Maschinenarbeit gekelterte Trauben und alles andere, was ich doch erfahren, entlarven, erfassen wollte.

Am Ende vergaß ich, die Kostproben auszuspucken. Stellte fest, dass eine Erkenntnis ewig wahr bleibt: Wein bedeutet Rausch. Wein bedeutet brennende Kerzen, Umarmungen und eine aufkeimende Liebschaft. Oder Gemütlichkeit unter Freundinnen, die nach und nach samt ihren Problemen unter dem Sessel landen.

Ich saß am helllichten Vormittag mutterseelenallein da und spielte inmitten von Weihnachtsstress die Weinkennerin. Und das war ein Fehler. Kann mir denn irgendwer verdenken – so teuer, wie meine Weinprobe war –, dass ich nicht nur schnupperte und mit den Weintropfen gurgelte, dass ich sie nicht nur auf meiner Zunge herumrollen und im Mund Purzelbäume schlagen ließ? Sondern dass ich, statt auszuspucken, hinunterschluckte? Das tat ich nämlich. Schluckte hinunter. Schluck für Schluck. Weil es so schrecklich traurig war an diesem verschneiten Morgen, so ganz allein zu sein. Fast zum Heulen.

Ich war, als ich wieder zu mir kam, von meinen Notizen absolut begeistert. Auf dem großen weißen Bogen standen Wörter wie: „Herausfordernd, reich, harmonisch, hart, robust, behaglich, füllig, durchschnittlich, fein, rund, samtweich, volltönend, klein, kurz". Ist es da noch ein Wunder, dass ich, als ich kurz vor den Abendnachrichten erwachte, auf der Suche nach einem Mitmenschen, auf den all diese Adjektive zutrafen, auf dem Boden herumkroch? Ich konnte keinen finden. Ich traf nur einen Tisch mit halb vollen Weinflaschen und verdreckten Kristallgläsern mit Lippenstiftflecken auf einer fleckigen Damastdecke. Woraufhin ich aufgab. Ich goss alle

Weinreste, teure wie billige, in einen großen Topf. Gab Zimt und Zucker, Kardamom und Pfeffer dazu und machte GLÜHWEIN. Meinen eigenen, über alle Rezepte erhabenen Glühwein. Ich rief alle Freunde an. Und dann gab es heißen Weihnachtspunsch!

Wunschloses Neujahr

Ephraim Kishon

Die jüngsten Statistiken haben es unwiderlegbar deutlich gemacht. Mit Ausnahme einer Heuschreckenplage schädigt nichts unsere Wirtschaft so sehr wie das Versenden von Glückwunschkarten für ein glückliches und erfolgreiches neues Jahr. Nach Schätzungen des Arbeitsministeriums gehen dafür jedes Jahr rund 50 Millionen Arbeitsstunden drauf, sowohl durch das Adressieren der Umschläge als auch durch das Aussortieren der Post, ganz zu schweigen vom Arbeitsausfall der unglücklichen Träger der Tonnen von Briefen. Nicht zu vergessen die Material- und Produktionskosten der vielfältigen Wünsche und das Müllproblem. Und letzten Endes kostet ja auch der Weg zum Recycling allerhand und die Reinigung des verstopften Kanalsystems.

„Bürger", warnen uns daher die umweltbewussten Politiker, „spart an Glückwünschen."

Das Amt für Statistik hat ermittelt, dass 60 Prozent der Empfänger ihr glückliches und erfolgreiches neues Jahr in den Müll werfen, ohne einen Blick darauf zu werfen, während nur 30 Prozent es noch vorher zerreißen. 10 Prozent waren unentschieden. Ein Großhändler aus Jaffa, der 418 Karten verschickt hatte, antwortete auf die Frage, an wen seine Glückwünsche gegangen wären: „Habe ich Karten verschickt? Keine Ahnung."

Es scheint sich hier um eine Art Reflex der Handmuskeln zu handeln, gesteuert von unbewussten inneren Zwängen. Nach den Berechnungen der Zentralpost würde die glückliche Neujahrskartenkette bis nach Jerusalem reichen, die Stadt zweimal umkreisen und im Krankenwagen wieder in Tel Aviv eintreffen.

Kein Wunder also, dass die Behörden beschlossen, dieser Schädigung des Bruttosozialprodukts ein für allemal ein Ende zu setzen.

„Wir Israelis sind alle Brüder, dies müssen wir uns nicht jedes Jahr aufs Neue beweisen", erklärte der amtierende Postminister in einer bewegenden Fernsehansprache, „die Regierung hat den Kampf gegen die Kartensucht aufgenommen."

Und er ordnete an, dass pro Kopf nur noch fünf glückliche und erfolgreiche neue Jahre gestattet wären. Zuwiderhandelnde hätten mit Freiheitsstrafen bis zu zwei Wochen und einer Geldstrafe von 1.000 Pfund zu rechnen. Keiner scherte sich darum. Bereits eine Woche vor den Feiertagen fielen im Norden des Landes 40 Briefträger aus, drei davon landeten mit komplizierten Leistenbrüchen im Krankenhaus, der Rest kam in häusliche Pflege. Einer murmelt seither ununterbrochen:

„Glück und Erfolg, Erfolg und Glück."

Stichproben ergaben, dass die Mehrheit das Gesetz durch geschlossene Umschläge umging, denn der Portoaufschlag zur Drucksache ist immer noch erträglicher als auf ein glückliches neues Jahr zu verzichten. Das hatte noch eine weitere Schwächung der nationalen Arbeitskraft zur Folge, denn durch die Briefform konnte das „glückliche und erfolgreiche" neue Jahr zu einem „gesunden und besinnlichen" erweitert werden.

In dieser kritischen Phase formierte sich die Postgewerkschaft gegen die Glückwunschflut. Eine Bürgerinitiative berief sich hingegen auf die Menschenrechte und reichte eine Petition bei der UNO ein, während die Gewerkschaft zu härteren Maßnahmen griff. „Zweiwöchiger Stopp für Briefmarkenverkauf!" lautete die Parole.

Danach erließen die Behörden eine einstweilige Verfügung gegen glückliche und erfolgreiche neue Jahre und erhöhten die Freiheitsstrafe auf 24 Monate in Einzelhaft. Ein Kontrollkommando erhielt die Aufgabe, jeden verdächtigen Brief zu öffnen. Die Gefängnisse waren inzwischen restlos überfüllt.

Unter den Festgenommenen war auch ein Versicherungsagent, der im Alleingang 2.600 Wünsche für ein glückliches und erfolgreiches neues Jahr mit „raschem Anschluss an den europäischen Binnenmarkt" abgeschickt hatte. Sein Anwalt argumentierte im Schlussplädoyer, sein Klient habe lediglich „einen politischen Aufruf" versandt.

Das hatte eine Gesetzesnovelle zur Folge, die Glück und Erfolg in Zusammenhang mit politischen Aktivitäten untersagte.

Natürlich motivierte das den angeborenen jüdischen Pioniergeist nur noch stärker.

Einer der originellsten, weil auch preiswertesten Versuche war der eines älteren Schriftstellers. Er versandte 520 Telegramme zum Geburtstag mit Wünschen von Frau Sara Glück und Herrn Ephraim Erfolg. Kurz darauf wurde auch eine Reklamebroschüre der „Firma G. u. E., landwirtschaftliche Geräte GmbH" beschlagnahmt, die durch eine beigefügte Fußnote Verdacht erregt hatte: „Sehr warm und trocken aufzubewahren." Im Polizeilabor fand die mysteriöse Sache ihre Aufklärung. Bei Erwärmung der Broschüre durch eine Feuerzeugflamme wurde nämlich die kleingedruckte Schrift sichtbar: „Ein gesegnetes neues Jahr der Arbeiterklasse und drastische Steuersenkungen wünschen Mirjam und Elchanan Gross, Tel Aviv." Das raffinierte Betrügerehepaar wurde unverzüglich in Haft genommen.

Die Regierung versiegelte daraufhin alle Briefkästen und stellte die Grenzpolizei zur Bewachung ab. Auf dem Postamt musste jeder Bürger seinen Personalausweis vorlegen sowie eine eidesstattliche Erklärung abgeben, dass seine Postsendung nicht im Entferntesten etwas mit Glückwünschen zu tun habe. Die Bevölkerung murrte.

„Der Versand von Glückwünschen hat um 19 % zugenommen", gab der Postminister anlässlich seines Rücktritts bekannt, „das kostet immerhin ein sattes Drittel des Bruttosozialproduktes."

In Norden Tel Avivs stürmte ein maskierter Scharfschütze das Postamt und zwang den Schalterbeamten zum Versand von 2.200 „gesegneten und friedvollen neuen Jahren im vereinten Jerusalem". Er

wurde auf der Flucht gefasst und erhielt lebensläng-
lich, aber es gelang ihm, sogar durch die Gitter hin-
durch 161 Glücks- und Erfolgswünsche zu schmug-
geln.
Es gehen Gerüchte, die Regierung plane die gesetzli-
che Abschaffung des neuen Jahres. In den Straßen
sind die ersten Panzer aufgefahren. Die Situation
spitzt sich zu. In den Außenbezirken sind sporadisch
Schüsse zu hören. Ein Bürgerkrieg ist nicht mehr
auszuschließen.

Niemals

Wilhelm Busch

Wonach du sehnlich ausgeschaut,
es wurde dir beschieden.
Du triumphierst und jubelst laut:
Jetzt hab ich endlich Frieden!

Ach, Freundchen, rede nicht so wild.
Bezähme deine Zunge.
Ein jeder Wunsch, der sich erfüllt,
kriegt augenblicklich Junge.

Das Fest der Fragen

Stefan Pinnow

Alle Jahre wieder quälen mich während der Weihnachtszeit Fragen über Fragen: Wo habe ich im Januar den Christbaumständer vergraben?

Wer hat die Lichterkette so in die Plastiktüte gestopft, dass man bis Ostern braucht, um sie wieder ordentlich zu entknoten?

Und vor allem: Was soll ich mir dieses Jahr wünschen?

Doch das sind nur Vorboten der wirklich wichtigen Fragen des Lebens, und die kommen etwa Anfang Dezember – meistens zuerst von unseren liebsten Nachbarn:

Wo feiert ihr denn dieses Jahr Silvester?

Eine heikle Frage. Denn zur Beantwortung sind mehrere Dinge zu beachten.

Zunächst einmal: Ruhe bewahren. Denn man will ja mit den liebsten Nachbarn, den besten Freunden, den allerbesten Freunden und auch allen anderen sehr guten und guten Freunden irgendwie zusammen feiern.

Also keine voreiligen Entscheidungen treffen und behaupten, man würde dieses Jahr gar nichts Besonderes machen und gemütlich zu Hause bleiben. Denn dann würde man für eine eventuelle Einladung nicht mehr in Frage kommen, weil man ja schon „verplant" ist.

Auch eine eigene Party organisieren kommt nicht in Frage, allein schon wegen der Angst, alle guten Freunde könnten ja woanders hingehen, und dann würde man alleine zu Hause rumhängen. Und ja nicht den Fehler machen und bei einer Einladung zu früh zusagen. Denn man will ja schließlich nichts verpassen und es könnte sich ja irgendwo noch eine „bessere" Party ergeben.

Gut – das ist in den letzten drei Jahrzehnten alles nicht passiert, aber die Angst, dass es dann doch mal passiert, ist da. Keine Frage.

Was auch mit meiner Frau zusammenhängt. Denn ihr sind all diese Überlegungen herzlich egal, und mitten in der Adventszeit säuselt sie, ob wir uns nicht mal dieses Jahr zu Silvester eine schnuckelige, einsame Hütte in den Bergen mieten sollen. Direkt an der Skipiste, ohne großen Luxus. Die man auch gar nicht direkt mit dem Auto erreichen kann, weil sie so malerisch versteckt in den Hügeln liegt, weshalb man (ich) vom Parkplatz aus das gesamte Gepäck nur ein paar Meter zu Fuß den Berg hochschleppen muss. Dafür kann man die Hütte aber mit dem urigen Kamin heizen, für den man (also ich) vor der Tür Holz hacken muss, und in der das Wasser nicht aus der Leitung kommt, sondern man (wieder ich) selber Schnee von draußen reintragen und schmelzen muss (auch ich). Die aber auf jeden Fall groß genug sein sollte, damit jedes unserer drei Kinder ein eigenes Schlafzimmer hat.

So was muss es doch irgendwo geben. Man (sprich: ich) müsste das bloß mal recherchieren. Und finden und dann buchen (schon wieder ich).

„Das kann doch nicht so schwer sein, das kannst du doch mal eben machen."

Keine Frage, die Idee ist grundsätzlich gut. Allerdings werden wir NIE so eine Hütte finden. Denn die sind dann schon immer längst ausgebucht. Von Leuten, die dort die perfekte Silvesterparty feiern. Mit all ihren guten, besten und allerbesten Freunden, mit denen sie sich schon vor Jahren im Voraus verabredet haben. Mit Christbaumständer, sauber aufgerollter Lichterkette und perfekten Geschenken.

Wie die das schaffen? Fragen Sie nicht mich!

Silvester

Joachim Ringelnatz

Dass bald das neue Jahr beginnt,
spür ich nicht im Geringsten.
Ich merke nur, die Zeit verrinnt
genau so wie zu Pfingsten,
genau wie jährlich tausendmal.
Doch Volk will Griff und Daten.
Ich höre Rührung, Suff, Skandal,
ich speise Hasenbraten.
Mit Cumberland, und vis-à-vis
sitzt von den Krankenschwestern
die sinnlichste. Ich kenne sie
gut, wenn auch erst seit gestern.
Champagner drängt, lügt und spricht wahr.
Prosit, barmherzige Schwester!
Auf! In mein Bett! Und Prost Neujahr!
Rasch! Prosit! Prost Silvester!
Die Zeit verrinnt. Die Spinne spinnt
In heimlichen Geweben.
Wenn heute Nacht ein Jahr beginnt,
beginnt ein neues Leben.

Quellen

Rita Fehling, Nikolaus und Nikola,
© bei der Autorin

Robert Gernhardt, Was uns die Weihnachtsgeschichte eigentlich sagen will. Eine Predigt,
aus: Robert Gernhardt, Bernd Eilert, Peter Knorr, Es ist ein Has' entsprungen,
© Robert Gernhardt 1999. Alle Rechte vorbehalten S. Fischer Verlag GmbH, Frankfurt am Main

Hanns Dieter Hüsch, Die Bescherung,
© bei Christiane Rasche-Hüsch

Jess Jochimsen, Draußen vom Walde komm ich her,
© beim Autor, in anderer Form erschienen in:
Jess Jochimsen, Das Dosenmilch-Trauma.
Bekenntnisse eines 68er-Kindes, dtv

Jess Jochimsen, Weihnachten damals und heute,
© beim Autor

Mascha Kaléko, Betrifft: Erster Schnee,
aus: Mascha Kaléko, Das lyrische Stenogrammheft.
© dtv Verlagsgesellschaft mbH & Co. KG, 2016 München.
S. 52-53. Mit freundlicher Genehmigung von dtv Verlagsgesellschaft mbH & Co. KG